JN161751

Jacques Le Goff, Le Moyen Âge et l'argent

ジャック・ル゠ゴフ

中世と貨幣

歴史人類学的考察

井上櫻子 訳

藤原書店

Jacques LE GOFF

LE MOYEN AGE ET L'ARGENT

©PERRIN, 2010

This book is published in Japan by arrangement with PERRIN
through le Bureau des Copyrights Français, Tokyo.

中世と貨幣　目次

中世と貨幣

歴史人類学的考察

凡例

一　本書は Jacques Le Goff, *Le Moyen Âge et l'argent*, Perrin, 2010 の全訳である。
一　原注は（1）（2）……で示し、巻末にまとめて配した。
一　引用文に対する原著者の補足は［　］で示した。
一　訳者による補足は、短いものは〔　〕で挿入し、長いものは＊1、＊2……で示し、当該段落末に配した。
一　原文のイタリックは、書名・雑誌名は『　』で括り、強調を示す場合は傍点を付した。
一　小見出し、段落の処理は原文通りとした。
一　原文における明らかな誤記は修正した。
一　読者の便宜のため各章扉に原書にはない画像を配した。

謝辞

本書の刊行に際して、大変お世話になったお二人にまず感謝の意を表したい。まず、ロラン・タイス氏に。タイス氏は、自身優れた歴史家であるが、本書の主題を提案し、これを執筆するよう望まれた。氏は本書の発案者であるだけでなく、執筆過程を通して助力を惜しまれなかった。そして、自ら参考文献リストを作成し、拙稿に目を通して筆を加えるなどして、この拙著を充実させてくれた。本書の誕生に際してお世話になったもう一人は私の秘書、クリスチーヌ・ボヌフォワ氏である。氏は本書を口述筆記する際、有能な秘書という以上に、まさしく対話相手としての役割を果たしてくれた。彼女は技術面での知識を備えるばかりか、私に暗黙の理解を示し、修正すべき点や、改良すべき点を指摘してくれたのである。

この二人の卓越した協力者に加えて、私を後押しし、特に、本書の主題に関わる重要な、しかも未刊の論考の草稿を閲覧することを許してくれた仲間、友人たちに感謝したい。この方面で最もお世話になったニコル・ベリウ、ジェローム・バシェ、ジュリアン・ドゥマードの三氏についてはその名を記して感謝の意を表したい。本書の計画について話した際、的を射た指摘をしてくれたジャン＝イヴ・グルニエ氏にも謝意を表したい。

本書の執筆により、私が既に初期作品の頃から抱いていていた考えを形にしたことになる。したがって本書は、中世の人々の視点や実践が今日とは大きく異なっていることから、この時代を理解する上で重要と思われる分野についての私の考察の集大成となっているのである。そして、私が新たに出会ったのは、これまでとはまた異なった中世の顔なのである。

序

三〇枚の銀貨でイエスを裏切るイスカリオテのユダ（十六世紀のフレスコ画。プラピネのサン・セバスティアン教会）

本書の検討対象となる貨幣[1]は、中世にはラテン語でも俗語でも一つの語で表されることはなかった。本書の標題ともなっている今日的な意味での「金銭・貨幣（アルジャン）」は、近代の産物なのである。このような指摘をするだけでも、中世において、金銭・貨幣は、経済、政治、心理、倫理のいかなる観点からしても、主要登場人物ではなかったと予告するようなものだ。中世フランス語で現在の意味の貨幣に最も近い語は、「硬貨（モネ）」、「ドゥニエ」*1、「現金（ペキュヌ）」[2]*2であった。今日、「金銭・貨幣（アルジャン）」という語で指し示されるような実体は、富の中で最重要の位置を占めるものではなかった。ある日本の中世研究者〔後出の宮松浩憲氏のことか〕が、富者が生まれたのは中世であると主張したとしても――これには異論の余地がある――、ともかくこの富者は貨幣による富と同じくらい、あるいはそれ以上に土地、農奴、権力という形の富を有していたのである。

*1　中世フランスにおける通貨単位。リーヴルの二四〇分の一、スー（あるいはソル）の一二分の一。
*2　古仏語の「ペキュヌ」pécune は現代フランス語の argent comptant（現金）に相当する。

貨幣について言えば、中世は長い歴史の中で衰退期だった。貨幣は当時、ローマ帝国時代よりも重要性と存在感を失い、さらに、十六世紀より後の時代、とりわけ十八世紀以降と比べてもはるかに軽視されていたのである。貨幣という実体は中世社会が次第に考慮すべき対象となり、また近代的な特徴を帯びつつあったにもかかわらず、この時代の人々は、商人、聖職者、神学者を含めて、今日われわれがこの語〔「金銭・貨幣（アルジャン）」のこと〕が指し示すものに対し、明確で統一的な概念をまったく持っていなかったのである。

本書で取り上げる主要テーマは二つある。一つは、中世の経済、生活、心性において貨幣というもの、あるいはむしろさまざまな貨幣がいかなる境遇にあったか、ということ。そしてもう一つは、宗教が支配的な社会の中で、キリスト教徒としてあるべき貨幣に対する態度やその使い道について、キリスト教がどのように考え、それを説いていたか、ということである。第一の点については、中世を通じて、貨幣の流通量はごく限られており、そして何よりその種類が細分化し、多様であったと考えられる。そして、この貨幣の細分化こそ、経済的停滞状態から脱するのを困難にした原因の一つなのである。第二の点については、個人であれ、国家であれ、貨幣を求め、使用することが次第に正当化されるようになったのが認められるが、それは正当化の条件を定め、運用する機関であった教会が提示する条件を無視してのことであった。

さらに、筆者はアルベール・リゴディエール[3]と同様、今日一般に理解されているような貨幣、そして、本書で検討の対象となるような貨幣について定義するのは難しいと強調せざるを得ない。「貨幣についての定義は、いつも定義しようとする者の手からするりと逃れてしまう。貨幣は、現実であると同時に虚構であり、実体であると同時に機能であり、征服の対象であると同時にその手段であり、避難資産〔問題が起こった時のために避難させておく資産〕であると同時に除外資産〔計算に入れられない資産〕であり、個々人の間に築かれる人間関係の原動力であると同時に目的であるため、ある一つの全体としてまとめられるようなものでもなければ、その構成要素の一つに還元されうるようなものでもない」。本書では、このような貨幣という語の多義性を考慮し、どのような意味でこの語を用いているのか、その都度読者に明示するようにしたい。

　中世における貨幣の位置について検討する場合、少なくとも大きく二つの時期に分けなくてはならない。まず、コンスタンティヌス帝からアッシジの聖フランチェスコに至るまでの中世初期、すなわち四世紀からおよそ十二世紀末にかけての時期である。これは、貨幣が減少し、忘れ去られるようになった時期である——もっとも、その後貨幣は再びゆっくり盛り返し始めるのだが。当時、支配的であった社会的区別によると、「力を持つ者（ポテンテス）」と「卑しい者（フミレス）」すなわち、権力者と弱者が対置されていた。次に、十三世紀初頭から十五世紀末にかけては、「金持ち（ディウェス）」と「貧しき者（パウペル）」、すなわち富者と貧者の別が重視されるようになった。というのも、経済復興と都市の急速な発展、王権の確立、そして教会、とりわけ托鉢修道士の布教活動といった要因があいまって、資本主義の開始にまでは至らなかったとはいえ——と筆者は思うのだが——、そして自発的な貧困生活が広まり、イエスの「貧しさ」がいっそう声高に強調されたにもかかわらず、それでも貨幣は躍進を遂げたからである。

　今ここで、中世の貨幣史の二つの特徴を指摘しておくべきだろう。一つは、中世には実体貨幣〔実際に流通している貨幣〕のほかに、計算貨幣〔価値尺度としての貨幣〕が存在し、そのおかげで、中世社会では、経済的実践の場では用いられなかったとはいえ、少なくとも一部の階層で会計技術が発達したということである。北アフリカのブギア〔現アルジェリアの都市〕において職務に就いていたピサ共和国の税関吏の息子、レオナルド・フィボナッチ[*1]は、一二〇二年、ラテン語で『算盤（古代の計算盤で、十世紀にはアラビア数字を用いた数列表となった）の書』を著し、この本において特にゼロという会計上必要不可欠な発見を紹介した。こうした発展が西洋中世において途絶することはなく、一四九四年、修道士ルカ・パチョーリ[*2]の筆に成る『算術大全』として結実することとなる。これは、商人向けの正真正銘の算術、数学の百科事典であった。同じ頃、ドイツ南部のニュルンベルクでは『計算法』という書物が出版された。

＊1　Leonardo Fibonacci, Leonardo Pisano (1170?-1250?). 中世イタリアを代表する数学者。「フィボナッチ数列」などにその名を残している。

＊2　Luca Pacioli (1445-1514). イタリア・ルネサンス期の数学者。複式簿記を紹介した。

また、貨幣の使い方は常に宗教、倫理上の規則によるしばりを受けていた以上、教会が貨幣使用者を裁き、さらに必要に応じて彼らを矯し、断罪する際、依拠した文言をここで示すべきであろう。これらはすべて聖書の中に見いだされるが、西洋中世においてとりわけ力を持ったのは、旧約聖書よりもむしろ新約聖書による文言である。ただ旧約聖書の中で一文だけ、ユダヤ教徒にもキリスト教徒にも大きな影響力を持ったものがある。それは、『集会の書（シラ書）』第三一章五節の次のような一文である。「金銭を追い求める者は金銭で道を踏み外す」。程度の差こそあれ、ユダヤ教徒が心ならずもこのような考えを無視するようになったこと、そして変容しつつあった中世キリスト教がこのような考えを修正しつつも、そこに脈々と流れる貨幣に対する根本的悲観論を捨て去るには至らなかったことは、後で示したい。貨幣に対する態度に最も大きな影響力を与えていた新約聖書の文言は以下の通りである。

（1）『マタイによる福音書』第六章二四節「だれも二人の主人に仕えることはできない。一方を憎んで他方を愛するか、一方に親しんで他方を軽んじるか、どちらかである。あなたがたは、神と富＝マンモンとに仕えることはできない」（マンモンは後期ユダヤ教で、特に貨幣の形をした不公平な富を指す）。

（2）『マタイによる福音書』第一九章二三節―二四節「イエスは弟子たちに言われた。『はっきり言っておく。金持ちが天の国に入るのは難しい。重ねて言うが、金持ちが神の国に入るよりも、らくだが針の穴を通るほうがまだ易しい。』」同じ文言が『マルコによる福音書』（第一〇章二三―二五節）および『ルカによる福音書』（第一八章二四―二五節）にも認められる。

（3）『ルカによる福音書』には、蓄財を断罪する文言があるが（第一二章三三節）、特に第一二章一五節の以下の言葉を参照されたい。「有り余るほど物を持っていても、人の命は財産によってどうすることもできない」『ルカによる福音書』の少し先（第一二章三三節）では、イエスは富者に「自分の持ち物を売り払って施しなさい」と述べている。最後に『ルカによる福音書』（第一六章一九―三一節）では、中世においてたえず引き合いにされた邪悪な富者と貧者ラザロの物語が語られている。前者は地獄に堕ち、後者は天国へと迎え入れられるのである。

このような文言が中世において持ちえた影響力については、察しがつくだろう。そこには、新たな解釈によって次第に厳密さが失われていったとはいえ、中世を通して存続した貨幣使用をめぐる経済、宗教的背景の本質が表されている。つまり、吝嗇を大罪として断罪し、施し（善行）を称賛し、さらには中世の男女が最も重視した救済という観点から、貧者を礼賛するとともに、貧しさをイエスによって体現された理想として示すことである。

ここで図像学の証言から読み取られる中世の貨幣史を解明したいと思う。中世の図像ではたいていの場合、貨幣が象徴をもって表されているが、そうした図像は一貫して侮蔑的で、見る者に強い印象を与え、貨幣への恐れの念を抱かせようとするものである。第一の図像は、イエスの物語の中でとりわけ衝撃的なエピソード、すなわち、ユダが銀貨三〇枚を受け取り、主を磔刑に処しようとする人々に売り渡した様子を描く表象である。例えば、数多くの図版が含まれた十二世紀の有名な手稿、『喜びの園』では、あるフォリオに裏切りの金を受け取るユダが描かれ、次のようなコメントが添えられている。「ユダは最も悪質な商人であり、富の蓄積に望みをかけ、金が勝利し、君臨し、支配すること——この表現は、地上におけるキリストの王国に対する賛辞のパスティーシュである——を望んだため、イエスによって神殿から追放された高利貸しを一身に体現している」。

中世における主たる貨幣の図像的象徴は、富者の首にかけられ、富者を地獄へと導く財布である。貨幣で満たされたこの運命の財布は、人目につく彫刻、教会のタンパン〔建物の入り口上部にある装飾の施された壁面〕や柱頭に刻まれている。その姿はまた、ダンテの『神曲』「地獄篇」にもはっきりと見いだされる。

そこでただひとり、さらに進み
第七圏の最外縁、
不幸な霊の眠る場所までゆきついた。
苦しみの炎を浴びる一部の人を
目を凝らして見ようとも
見識った者は一人もなし。ただふと気づくと

皆、首に財布をさげていた
色はあざやか、紋章付きで
彼らの目を楽しませるかのごとし。
彼らに近づき、じっくり見ると、
黄色地の財布に、紺碧の
ライオンの絵姿あり。[*1]
さらに見やると
血のような深紅の財布に
バターより白いガチョウの絵姿あり。[*2]
するとある人が、身ごもった青い雌豚の紋章[*3]付きの
白い財布を示しつつ、
私に言った。「この壕で何をしているのか。
とっとと消え去れ。お前はまだ生きているのだから。
私の隣人ヴィタリアーノが
私の左に座るのだから。
このなみいるフィレンツェ人たちの中で、パドヴァ人は私だけ。

彼らは幾度となく耳をつんざく声で、
叫ぶのだ――崇高なる騎士[*4]よ、やって来い。
三匹のヤギの紋章付きの財布を持って来い！」
こう述べると、その男は口をゆがめ、
鼻をなめる牛のように、舌を出した。
私はこれ以上ここにとどまって
ぐずぐずするなと命じた人を怒らせぬよう
くたびれ果てた霊と別れ、進むべき道へと戻った。(4)

＊1　高利貸しを営んだフィレンツェの一族、ジャンフィリアッツィ家の紋章。
＊2　高利貸しを営んだフィレンツェの一族、ウブリアーキ家の紋章。
＊3　高利貸しを営んだパトヴァのスクロヴェーニ家の紋章。
＊4　ここで言う「騎士」とは、フィレンツェの高利貸しで「君主の騎士」であったジョヴァンニ・ブイアモンテのこと。

第1章　ローマ帝国とキリスト教化の遺産

マーシア王オッファ（七五七—七九六）の治世に鋳造された貨幣（©Trustees of the British Museum）

ローマ帝国は、キリスト教に限定的とはいえ、重要な貨幣の使用法を伝えたが、それは四世紀から七世紀にかけては衰退の一途をたどった。偉大なベルギーの歴史家、アンリ・ピレンヌ（一八六二―一九三五）は、有名な論文において、七世紀にイスラム世界が出現し、北アフリカ、つづいてスペインを征服したことで、地中海交易、および西洋と東洋の経済交易は終焉したと主張した。しかし、この論文には異論の余地がある。これとは正反対の立場をとる論文、すなわちモーリス・ロンバール（一九六五没）の論文――ここでは反対に、イスラム教徒による征服が西洋における交易復興のきっかけとなったとされている――を支持しようというわけではない。とはいえ、西洋と東洋との間に交易が完全に途絶えたことは一度もなく、東洋の中でもビザンツ帝国、とりわけイスラム世界が、キリスト教化され、ゲルマン民族に支配された西洋から変わらず東洋に供給されていた原料（木材、鉄、奴隷）に対して、わずかに金貨による支払いを行っていたことは認めざるを得ない。実際、西洋では、ひとえに東洋との大規模交易によって、ビザンツ帝国の貨幣（ノミスマ〔ギリシャ語で通貨の意味〕、すなわち西洋で「ビザンチン金貨」と呼ばれていた貨幣）やイスラム世界の貨幣（ディナール金貨やディルハム銀貨）の形での金の流通が、ある程度維持されていた。こうした貨幣のおかげで、西洋の統治者たち（西ローマ帝国の滅亡までは皇帝、続いて、キリスト教世界の王となり、大地主となった「蛮族〔ゲルマン民族〕」の首長たち）は、限定的とはいえ、富を増やすことになったのである。

都市と大規模交易の衰退により、西洋は細分化され、権力は特に大領地（「ヴィラエ」〔ラテン語で「農地」の意〕）の領主と教会によって行使された。しかし、こうした新興権力者の富は、主に土地、そして農奴や自由を制限された農民といった人的財産によるものであった。こうした農民たちに課せられた義務には、特に賦役の義務、農産物による賦課租、さらにごく一部、正金による賦課租が含まれており、農民たちはこの正金をいまだ発達の進んでいない地域の市場から得ていた。教会、とりわけ修道院は、一〇分の一税——その一部は銀で支払われていた——と、領地開墾による貨幣収入の大部分を運用せずに寝かせていた。貨幣、そして貨幣に含まれる貴金属、金や銀の地金は、金銀細工製品に加工され、教会や修道院の宝物庫にしまわれて、準備金となった。そして必要に迫られると、こうした金銀細工製品は溶かされ、貨幣鋳造に用いられたのである。しかも、このようなやり方は、教会だけでなく大領主や国王にまで広まった。ここから中世の人々の貨幣需要は比較的少なかったことが浮き彫りにされる。マルク・ブロックも述べていることだが、このような習慣からはまた、中世初期の西洋では金銀細工の作業、およびそこから生み出される製品の美の価値が認められていなかったのも明らかになると指摘しておきたい。貨幣不足は、富の手段としても、権力の手段としても、経済面における中世初期特有の弱点の一つだった。実際、同じくマルク・ブロックは、死後一〇年を経て一九五四年に出版された名著『ヨーロッパ貨幣史概略』において、通貨現象は経済生活に絶大な影響力を及ぼすと力説している。通貨現象は経済生活の前兆であると同時に結果なのである。

この時期、貨幣鋳造および貨幣使用の実態はきわめて細分化されていた。貨幣が鋳造されたすべての場所、地域に関する詳細な研究は――そのような研究が可能であると仮定するとして――いまだ存在しない。

中世初期には、銀、すなわち貨幣を使用する人の数が次第に減少したため、人々はローマ人の貨幣使用法を継承し、模倣することから始めた。貨幣には皇帝の肖像が刻まれており、交易に際してはソリドゥス金貨が依然、主要通貨であり続けたが、ほどなくして生産、消費、商業の衰退に応じて、主要な流通金貨は、トリエンス金貨、すなわちソリドゥス金貨の三分の一の価値の金貨となった。量が減ったとはいえ、このように古代ローマの貨幣が継続して使用された事情については、いくつかの原因によって説明出来る。ガリア人は例外として、「蛮族」はローマ世界に侵入し、キリスト教国家を建設する前には貨幣を鋳造していなかったのである。貨幣はしばらくの間、統一を保つための数少ない手段の一つであった。というのも、ローマ帝国由来のすべての領土で流通していたからである。

つまり、経済衰退のせいで、新貨幣創設につながりうるような要請は起こらなかったのである。ゲルマン民族の首長たちは、次第にローマ皇帝の権力を奪い、五世紀以降――民族や、新興国家によって、時期は異なるが――かつての皇帝による独占のような国家規模の独占を終焉させた。西ゴート族では、レオヴィジルド王（五七三―五八六）がその称号と肖像を表に彫ったトリエンス金貨を発行した最初の人物である。この金貨の鋳造は、八世紀初頭のアラブ人による征服まで続いた。イタリアでは、テオドリック大王とその東ゴート族の後継者がローマ帝国の伝統を継承した。ランゴバルド族については、コンスタンティヌス帝の範を乗り越え、自分たちの王の名のもとに貨幣鋳造を始めたのは、やっとロターリ（六三六―六五二）、続いてリウトプランド王（七一二―七四四）の治世になってからのことであったが、その際、鋳造された貨幣は、軽量化されたソリドゥス金貨であった。イギリスでは、五世紀中葉に貨幣鋳造が中止され、六世紀末から七世紀初頭にようやくアングロ＝サクソン人たちがケント地方でローマ帝国の貨幣を模した金貨を発行するようになった。七世紀中葉には、金貨はシャッタスという銀貨に取って代わられた。七世紀末以降、大ブリテン島のさまざまな小王国の王たちは自分たちに都合の良いように国王の独占権を回復させようとした。そしてこの試みは、ノーサンブリア、マーシア、ウェセックスの三王国において、程度の差こそあれ急速に、多少の困難をともないつつも実現した。オッファの治世（七九六―七九九〔原文ママ〕）に、マーシアで新しいタイプの貨幣が出現したことを指摘しておかねばなるまい――その名称には、長く輝かしい未来が待ち受けていたのだから。すなわち、ペニー銀貨の出現である。

ガリア地方では、まずクロヴィス一世の息子たちがそれぞれの国家で依然、発行されていた銅貨に自分たちの名前をつけた。次いで、そのうちの一人で、五一一年から五三四年にかけてアウストラシア王国の王であったテウデリク一世が自分の名を冠した銀貨を鋳造させた。しかしながら、真の意味での国王による貨幣独占権は、金貨の鋳造に付随するものであった。マルク・ブロックも強調している通り、これを敢行した最初のフランク王は、テウデリク一世の息子、テウデベルト一世（五三四―五四八）であったが、ガリア地方では、他の王国より早くというわけではないが、同じ時期に、王の独占権が消滅してしまった。六世紀末から七世紀初頭には、貨幣はもはや王の名前ではなく、正式な貨幣の製造者である、貨幣鋳造者の名を冠するようになり、このような貨幣鋳造者の数は次第に増えていった。それは宮殿の役人、都市の金銀細工職人、教会、司教、大地主たちである。遊牧民の貨幣鋳造者すら存在し、トリエンス金貨の鋳造については、ガリア地方の鋳造者は一四〇〇人以上にのぼったと推測される。ローマ帝国と同様に、貨幣鋳造に使用された金属は三種類であった。すなわち、青銅あるいは銅、銀、そして金である。こうしたさまざまな金属を用いた貨幣鋳造が行われた場所と時代は十分解明されていないが、マルク・ブロックによれば、その原因を把握することは困難だとされている。銅および青銅が大量に流通していたイギリスを除いては、新興国家でまず大いに用いられたのは金であるが、その量は後に顕著に減少した。しかも、サリ族〔ライン川沿いに住んでいたフランク族の有力な支族〕の間以外では、金、より正確にはソリドゥス金貨は、計算貨幣として広く使われていたのである。最後に、マルク・ブロックによると、ローマ帝国で実際に鋳造されていた銀貨は、「蛮族」たちの活躍した中世初期には、計算貨幣として広く使用され、この銀貨にもまたすばらしい未来が約束されることとなった。この銀貨こそ、ドゥニエ銀貨であった。

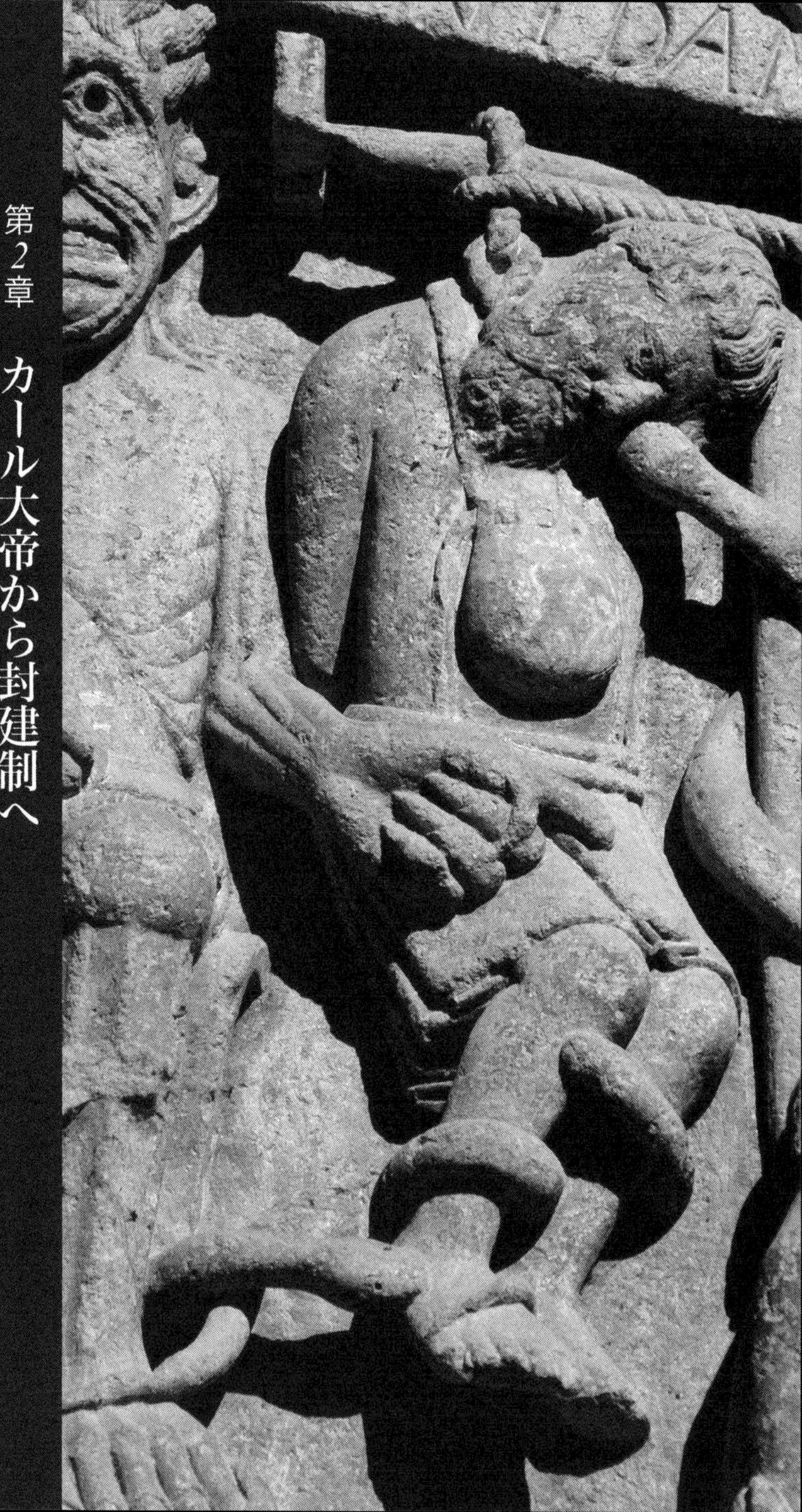

第2章 カール大帝から封建制へ

地獄に堕ちた富者（十二世紀。フランス南部
コンクのサント・フォワ教会のタンパン）

貨幣が多様化し、金と銀の価値均衡が変動したために、中世初期における貨幣使用は大いに複雑化した。カール大帝は、このような混乱を終息させ、帝国内にはるかに整然とした通貨状況を生み出した。そもそも、改革は七五五年、カール大帝の父、ピピン三世の治下に始まっていた。マルク・ブロックによると、改革の三大原則は以下の通りであった。公的権力による貨幣鋳造の再開、もはや実質貨幣となったドゥニエ銀貨とソリドゥス金貨の間の新たな等価システムの確立、そして金貨鋳造の中止である。金銀複本位制の時代に続いて、銀単本位制の時代が到来した。

中世初期の文献では、「富者(リッシュ)」について語られることはめったになく、この語は財産家よりもむしろ権力者を指していた。中世において最も名高くよく用いられた文献は、セビリアのイシドールス（五七〇頃―六三六）[*1]によるものである。彼は、かの有名な『語源』において、貨幣への愛を大罪の筆頭に挙げ、富者は地獄に堕ちるものとして、富者と貧者ラザロのたとえ話を引き合いに出しているが、実際には全面的に富と富者を断罪しているわけではない。富は神が造られたものなのだから、富者がその財産を公共福祉のため、そして施しに用いるのなら、富者も正当化されるのである。ただし、もう一度繰り返しておくと、セビリアのイシドールスの著作では、「ディウェス〔ラテン語で「富有」「裕福」の意〕」という語は多くの貨幣を有する者というよりも権力者を指すものだった。初期中世にはまだ貨幣の時代に突入してはいなかったのである。

＊1　San Isidoro de Sevillia. カタルーニャ生まれの神学者。三〇年以上の長きにわたり、セビリアの大司教を努めた。

権力と貨幣が分けて考えられていたことを示すもう一つの証拠として、八世紀末、カタルーニャ地方にいた、貧者であると同時に富者であった男の例が挙げられる。「貧者（ポーヴル）」という語は、その人が自由民ではないことを指していた。実際、この男は王の家臣だったが、王はイスラム教徒と戦った武勇を讃えて新たに開墾された土地をこの男に与えた。その結果、彼は「貧者（ポーヴル）」でありながら富を有する者となったのである。(1)

実体貨幣が流通する――十一世紀以降のことだ――以前の経済の特徴を示すため、しばしば「現物経済」と「貨幣経済」が対置されてきた。しかし、こうした表現は現実に即していない。人が自給自足で生活するか、あるいはもっぱら製品、農奴、サービスの交換だけを行っていたのは、どうやら太古の時代だけのようである。早くも中世初期には、貨幣はわずかながら農民階級の間でも流通していた。歴史家たちは『聖フィリベルトゥスの奇跡の書』の中に、八四〇年頃サン＝フィリベール＝ド＝グラン＝リュー〔ナント近郊〕の市で、一人の農民が居酒屋で半ドゥニエのワインを飲んだという記述を見つけて大変驚いたのである。カロリング王朝から封建時代にかけて、貨幣使用がゆっくりと広まっていったことはさまざまな証拠によって確認される。

まず、貨幣鋳造に使われる金属――つまり、カール大帝時代以降は銀であるが、たいていの場合は鉛のような銀を含む金属から抽出されていた――が採れる鉱山がより積極的に発見、開発されたことが挙げられる。カロリング王朝時代の最大の銀山、すなわちポワトゥー地方のメル銀山の開発によって[*1]、いっそう多くの貴金属が提供されるようになった。九世紀のノルマン人の侵攻――この間、侵入者は、先述の通り貨幣鋳造の重要な原料であった金銀細工品からなる教会の宝物を主に略奪した――が終息したおかげで、貨幣の鋳造も増加した。このように未精製金属から実質貨幣を鋳造する方法は、かなり粗雑ではあったが効率的だった。古代の溶解プロセスは用いられなくなり、新たな技術が開発された。それは、まず貨幣の地板、すなわち圧延されていない貨幣本体が用意され、いわゆる一連の鋳造プロセスを経て貨幣が作られるというものであった。(2)カロリング王朝時代の末期には、西洋で使用される貨幣の重さの単位――それまでは西ローマ帝国のオンス[*2]に基づいていた――が変更され、新たな名が冠せられることとなったが、この名で称される貨幣は数多く、その性格も国家や地域によって異なっていた。それがマルク〔フランス語ではマール〕である。例えば、中世フランス領では、四つのタイプのマールが鋳造されていたが、最もよく使用されていたのは二四四・七五グラムのトロワのマールであった。このマールはフランス王国のすべての貨幣鋳造工房で使われていたので、時には王のマールあるいはパリのマールと呼ばれていた。

＊1　鉛は天然では硫化物として存在し、銀を含むことが多い。
＊2　古代ローマでは一オンスは一二分の一リーヴル、二七・二八八グラムだった。のち、フランス領パリでは一オンスは一六分の一リーヴル、三〇・五九四グラムと定められた。ちなみに一リーヴルの重さはおよそ三八〇〜五五〇グラムとされ、地方ごとに異なった。

しかし、封建制度が出現し、とりわけそれがマルク・ブロックによって封建第二時代と称された体制へ発展したために——封建制度の発展は、真の意味で、貨幣がキリスト教化された西洋世界に広まる端緒となったとはいえ——、貨幣鋳造とその利益の細分化も生じた。これはカロリング王朝の政治的、社会的衰退によるものだった。カール大帝の改革によって、すでに中世初期の個人貨幣鋳造者は消滅していたが、帝国による貨幣の独占は短命に終わった。九世紀には、貨幣の独占権は諸伯に奪われ、「諸伯の中世」は、封建制度の分化にともなう貨幣鋳造者消滅への道を拓くこととなったのである。

十世紀初頭までは、ヨーロッパのキリスト教圏での貨幣の発行は、ライン川の西側の領土とイタリアに限られていた。オットー一世（九三六—九七三）は拡大した帝国の東側に新しい貨幣鋳造工房をいくつも創設した。デンマークの貨幣鋳造所はヘーゼビューにあった。九六〇—九六五年以降、貨幣はボヘミア地方でも鋳造されるようになり、十世紀末までは、キエフ大公国でも鋳造されていた。十世紀末にスカンディナヴィア諸国（デンマーク、ノルウェー、スウェーデン）で公式貨幣の製造が始まり、十一世紀初頭からはハンガリーの貨幣も出現した。スラヴ世界では、貨幣は広まったものの、ミェシュコ一世（九三五?―九九二）事実上の初代ポーランド王）とボレスワフ一世（勇敢王）（九九二―一〇二五）治下のポーランドではその量は限られており、こうした貨幣の大半はザクセン、バイエルン、ボヘミア、アングロ＝サクソンの貨幣を模したものであった。一〇二〇年頃には、スウェーデン、ノルウェー、キエフ大公国、ポーランドで貨幣鋳造が中止された。そのため、主に政治的動機や名誉欲に応えたのは、それ以前に鋳造されたわずかな量の貨幣であった。貨幣鋳造の中止は二つの事情に起因しているようである。一つは、これらの土地で採掘される貴金属がなかったこと、もう一つは、商業交易が盛んではなかったことである。反対に、ザクセン、バイエルン、ボヘミア、ハンガリーでの貨幣鋳造は発展の一途をたどった。(3)

英仏海峡および北海の周辺については、十一世紀初頭の文献から、この地域で大規模商業が発達したことが明らかになり、そして二人の修道士の著書から、この地域の富有化に対する教会の反応が確認される。一人はアエルフリクである。*1 彼は、大ブリテン島の英仏海峡沿岸の一地方、ドーセット地方にあるサーン修道院の修練士長で、一〇〇三年頃対話集『対談』を著した人物である。もう一人は、アルペルトで、*2 こちらは、ユトレヒト地方の修道士で、一〇二一年から一〇二四年にかけて『さまざまな時代について』という書物を著している。アルペルトは、ティールの商人について検討し、彼らが多くの悪徳をなし、特に一部の借り主から供される質草を差し押さえているとして、厳しく断罪している。反対に、アエルフリクは、商人が「王、首長、富者、そして一般庶民全体に有益である」とし、商人活動の最初の弁明の一つを記した。彼が強調したのは、商人は貨物を海外の国々にまで売りにゆき、そこから海上の危険にさらされてまで、キリスト教圏では見いだされない高級品、特にアクキガイ〔西洋で紫の染料として用いられた〕で染められた衣類や絹で出来た衣類、宝石や金、香辛料、油、象牙、硫黄、ガラスなどをたずさえて戻って来ていたということである。しかも、商人は、買値で商品を売るのかと尋ねられた時、次のように答えていた。「それは出来ませんね。そんなことでは、仕事から利益が得られるでしょうか。私は買値よりも高く商品を売るつもりですが、それはいくらかの利益を得て、私と妻と息子たちが食べてゆくためです」。ここには、後に金儲けをする人が獲得する利益の正当化に持ち出すこととなる論拠が見出される。つまり、労働の報酬、リスクへの補償、農作業に従事しない人が食べていく必要性である。(4)

＊1　Aelfric of Eynsham (955-1010). エインシャム修道院初代院長。多くのラテン語の文法書を俗語（古英語）に訳したので「文法学者のアエルフリク」と呼ばれる。
＊2　Alpert of Metz (?-1024). ベネディクト会の年代記作家。『さまざまな時代について』は、九九〇年から一〇二一年にかけて西ヨーロッパで起こった歴史的事件を伝える貴重な史料である。

一〇五〇年頃、「富者（リッシュ）」という語が「ディウェス」というラテン語に代わってロマンス語に現れるようになるものの、この語は実質上、「権力者」という意味を保持していた。したがって、十一世紀末には近代的な意味での富者がまさに生まれようとしていたという宮松浩憲氏の主張は、誇張し過ぎだと思われる。とはいえ、貨幣使用を加速させる出来事が起こり始めたのは確かに十一世紀末である。それは、十字軍運動である。実際、多くの十字軍参加者は、敵のさなかをたどるべき道のりが長くなると予測しており、かつ、聖地での戦利品についてはまったく分からなかったため、持ち運びやすい貨幣、すなわち軽量で価値の高い貨幣を見つけることに夢中になり、出来る限り多くのドゥニエ銀貨を手に入れようとしたのである。

第3章

十二世紀末から十三世紀初頭にかけての貨幣の急増

プロヴァンの市壁（十二〜十三世紀）

貨幣に対する考え方やその使用法の変化は、さまざまな面で中世社会にとって決定的とも言うべきこの時代を特徴づけるものであるが、これはいくつかの重大な出来事に起因する。その主なものは次の通りである。商人が行商をやめ、店を構えて商売するようになったこと。都市が急速に発達したこと――都市は貨幣を大量に生産し、かつ消費する場であった――。金貨への回帰。利益の増大。一定の制限と条件を設けた上で、初めて利益の正当化が試みられたこと。高利貸し業および高利貸しの徹底的断罪をやめ、利潤や利息、そしてそれらから富を得る人々に対してかなり寛容になったこと。貨幣が伝播し、特に公的権力、とりわけ君主権の強化による貨幣への規制が進んだこと。労働のイメージの向上。そして法の教育と実践の発達である。逆説的にも、富者の増加、そして貨幣の蓄積および使用に対する寛容化の促進は、貧しさの称賛、貧者への善行の増加、貧者のイメージとイエスのイメージとの重ね合わせという現象と共存した、いや、より正確にはそれと連動して進んだ。十三世紀初頭はクレモナの富裕な商人、聖ホモボヌスが（実際には多くの富を有していたにもかかわらず）列聖された時代――一二〇四年のことだ――とも言えるし、またアッシジの聖フランチェスコによって清貧が賛美された時代とも言えるのである。

商業の発達

商業活動範囲の拡大は、十字軍運動に負うところは少なく——この軍事活動はキリスト教圏に大きな利益をもたらすことはなかった——、地域レヴェル、あるいは地方レヴェルの小規模市場の枠組みを超え、特に一部の大定期市に見られるいわば国際規模の制度と活動という形をとって顕在化した。十二、十三世紀において最も有名で、かつ間違いなく最も重要な例は、シャンパーニュの大市である。この大市は、ラニー、バール＝シュル＝オーブ、プロヴァン、トロワ[*1]で開かれており、市は一年を通して間断なく開かれた。一月と二月にはラニーで、三月と四月にはバールで、五月と六月にはプロヴァンで——山場は五月の市——、七月と八月にはトロワで——最も盛大に行われたのは聖ヨハネの市[*2]——、九月から十一月にはプロヴァンで——山場は聖エイウルの市[*3]——、十一月から十二月は再びトロワで——この時期の山場は聖レミの市[*4]——。領地で定期市を開いていたシャンパーニュ伯は、取引が合法的に、公正に行われているか監視し、商業・金融活動を保護した。そして、そのための特別な官吏のポストが設けられた。それは、定期市の取締役で、公職とはいえたいていの場合は中産市民にゆだねられ、このような状況は一二八四年、フランス王がシャンパーニュ地方の支配者となり、王室直属の官吏が任命されるようになるまで続いた。金融取引を管理し、為替相場の公正さを監視したため、こうした定期市にはいわゆる初期段階の「クリアリング・ハウス〔手形交換所〕の役割」が付与されることとなった。定期市で借金をしたり、返済したりするのが慣例となり、為替取引がますます重要性を帯びるようになったため、定期市、とりわけシャンパーニュの大市が中世の経済・社会生活において果たす役割は大きくなった。大市はまず第一に、商人階級にとって富の源であったが、金銭管理を推し進めたという点でもきわめて重要だった。

＊1　いずれもシャンパーニュ地方の都市名。このうち、プロヴァンは「シャンパーニュの大市」が開かれた地であることを理由に、ユネスコ世界遺産にも登録されている。
＊2　洗礼者聖ヨハネの日は六月二十四日。夏至にあたる。
＊3　聖エイウルを祀った教会の前で行われた。
＊4　聖レミ（レミギウス）はシャンパーニュ地方の主要都市ランスの司教で、フランク王国の初代国王クロヴィスに洗礼を行った。

都市の急速な成長

貨幣流通が発達したもう一つの要因としては、都市の急速な成長が挙げられる。なるほど、農村地帯でも貨幣が使用されていなかったわけではない。いわゆる封建経済の枠組みにおいて、領主たちは次第に、農民への賦課租をもはや生産物や賦役ではなく、貨幣で支払わせるようになった。そして徴収分に貨幣の占める割合は増える一方だったのである。

農村経済の枠組みにおいてさえ、「自然経済」を問題にするのは適切ではないのだから、都市の枠組みではなおさらである。ブロニスワフ・ゲレメクが十三世紀以降のパリを例に明らかにしたように、原料の購入と製造物の販売を促進する手工業が発達し、次第に賃金制を導入するようになったため、都市では貨幣使用が広まった。都市住民の生活水準の向上にともない、今度は富裕な市民と貧しい都市生活者の間に新たな溝が生じた。十字軍運動は東洋との商取引を促進することはほとんどなかったが、領主の財産の大部分が十字軍運動へ出資されたため、富を獲得しつつある中産市民に対する領主の権威は失墜した。エピナル版画〔フランス北東部の都市エピナルで作られる彩色版画〕によれば、大聖堂は神に捧げられた無償の労働の産物とされているものの、実際には、大聖堂、とりわけゴシック式の大聖堂の建造ラッシュ（十二―十三世紀）は、教会と都市の財政にとっては重圧となり、その結果、都市により多くの富が蓄積するのを遅らせることとなったのである。この点についてはもう少し後で触れるが、とはいえ、ロベルト・S・ロペスの名高い論文「これがあれを殺した」[*1]における主張――「これ」すなわち大聖堂が、「あれ」すなわち貨幣経済の拡大を阻止したとする主張――を支持するわけではない。まず第一に、大聖堂の建造に加えて数多くの教会や城が石造りで頑強に建てられた一方で、都市の家々はほとんど木造だったが、こうした状況は、ロペスが考えるように貨幣経済を衰退させるどころか、その重要な刺激剤の一つとなったのである。都市市場での活動は著しく発達し、日常的になったので、貨幣が使用されるこの商取引の場のために中央市場——今なおしばしば人々を圧倒させるようなものだ——を建設する必要が生じた。フィリップ二世（尊厳王）（一一八〇——一二二三）の治世のパリでは、城壁や中央市場の建設といった大規模計画が、貨幣の急速な増大を物語っているのである。

＊1　ル＝ゴフがここで言及しているのは、一九五二年、『アナール』に掲載されたロペスの短い論文「中世の経済と建造物——これがあれを殺したのか」« Économie et architecture médiévales. Cela aurait-il tué ceci ? », *Annales Économies Sociétés Civilisations*, 1952, vol. 7, p. 433-438 である。

都市による自治権の獲得にともない、経済発展と貨幣の普及を抑制していた賦課租の重圧は消滅した。貨幣は複数の組合を結びつけたが、こうした組合は、都市の内部ではギルドを、繁栄する商業都市の間では商人組合を創設した。こうして、キリスト教圏の一部の地域には、都市と商業が発展したおかげで、より多くの富と権力をもたらされた。のみならず、これらの地域は、成長率が低く、貨幣流通量が少ない地域と比べて、華々しいイメージをも獲得することになったのである。

こうして、主に二つの地域が台頭することとなった。一つはヨーロッパ北部、フランドルからバルト諸国にかけての地域である。この地域の都市はまず、紡毛織物の販売で富を得ていたが、手工業製品の生産量は――しかもほぼ工業生産による織物の場合には――増大し、多様化した。これらの都市は巨大なネットワークを形成したが、このネットワークはまた、貨幣の一大流通路ともなったのである。最も豊かな都市のみに限ると、そうした都市としてはアラス、イーペル、ヘント、ブルッヘ、そして最も強大な力を誇ったハンブルク、一一五八年に創設されたリューベック、一二〇一年に創設されたリガ、そして一二五一年頃に創設されたストックホルムが挙げられる。これにイングランドの都市で付け加えるべきはロンドンである。というのも、この都市はハンザ同盟のネットワークに組み込まれ、経済の一大拠点となっていたからである。もう一つの重要な拠点として挙げられるのが北イタリア、より広くは地中海地域である。その中心地は、ミラノ、ヴェネツィア、ジェノヴァ、ピサ、フィレンツェであるが、さらに、第二ランクの都市として、クレモナ、ピアチェンツァ、パヴィーア、アスティ、シエナ、ルッカが挙げられる。ジェノヴァはさまざまな経済活動の中でも特に、巨大な奴隷市場――奴隷は、スペインのレコンキスタにあわせてカタルーニャ人やマヨルカ島の人によって連れてこられたり、黒海から連れてこられたりした――における仲介地としての役割を果たした。そもそも、一三四七年、ジェノヴァの船舶がヨーロッパへ腺ペストのウィルスをもたらしたのは、黒海沿岸のカッファ[*1]を介してのことであった。ヴェネツィアでは、早くも十三世紀には本格的なガラス産業が出現し、それらは主にムラーノ島に集中していた。

＊1　現クリミア自治共和国に属するフェオドシヤのこと。十三世紀半ばにはジェノヴァの植民地となった。

この二つの拠点に加え、大西洋の都市が発達し始めた。代表的なのは一二二四年にフランス王によって占拠されたラ・ロシェル、そしてボルドーである。ボルドーでは、フランス南西部にイングランド人が定住するようになって以来、ワインの製造と取引が拡大され、これが新たな財源となったのである。イングランドはただボルドー産のワインを求めただけではない。ラ・ロシェルから輸出されるポワトゥー地方のワインもまた高い評価を受け、大量に消費された。一一七七年には、英仏海峡のサン＝ヴァレリー＝シュル＝ソンム沖合で、ポワトゥーのワインをイングランドへと輸送していた三〇隻の船が難破している。

結局のところ、都市は、十二世紀以降もはやほとんど発展することのなかった農村と比べると[1]、ありとあらゆる活力にあふれた地となったのである。まず、労働力という活力であるが、これは金属業、皮なめし作業、さらにはビール製造にまで都市の水車エネルギーを活用する技術的発展によって生じたものである。この活力はまた社会的性格を帯びていた。というのも、おそらく領主が都市部に留まることの多かったイタリアは別として、この活力は、商人たちを彼らが商取引を行い、働き手を雇用しているという理由で都市の指導者に仕立て上げたからである。彼らは指導的立場に立つようになると、労働に対するイメージの好転——手工業はある種の「軽蔑」を受けていたとはいえ、労働はもはや、かつてのように原罪の結果として蔑視されなくなった——を利用し、その経済的、社会的活力を見せつけようとした。このような都市部の急速な発展はまた、十二、十三世紀に貨幣というもの、より正確には複数の貨幣——貨幣市場は存在せず、貨幣の使用はいかなる同一性感情にも従うものではなかったということを忘れてはならない——が普及した主たる原因の一つであった。

貨幣の需要

こうした貨幣使用の拡大は、主に都市の急成長によるものであったが、その枠組みを超えて進んだ。織維、ラシャ織物についても同様で、大規模な売買、および交易活動が行われるようになり、キリスト教圏の外の地域を相手とすることさえあった。この部門だけが唯一、半工業生産の段階にまで到達し、貨幣は特にフランドルとエノーで隆盛をきわめていたラシャ織物商人の手に大量に流れるようになった。もっとも、一部の織物業者は——たいていの場合個人経営でありながら、織物業における大幅な技術的進歩の恩恵に浴していた——、農村に定着していたが。クレチアン・ド・トロワの小説『エレックとエネイード』(一一七〇年頃)の有名な一節、すなわち、領主の城館にある工房で絹織物職人が覚える疲労感を語った一節が現実を反映しているとみなしうるなら、織物生産は城館でも行われたということになるだろう。ラシャ織物業で起こった現象は、建築業界においても認められた。建設業の発展のせいで、木材の使用は減少し、石材と金属材が増加した。例えば、カーンの石材は十一世紀から十五世紀にかけて大量に採掘され、売りに出された。その結果、貨幣が大量に求められるようになった。というのも、一般に採石場の開発は森林開発よりもより一層強く貨幣経済を必要としたからである[2]。ポーランドに倣って、フランスでは近年、中世考古学の調査範囲は農村にまで広げられ、ブルゴーニュ、とりわけコート゠ドールのドラシー村において発掘作業が行われた。発掘作業のフランス人の責任者であるジャン゠マリ・プゼスは、この地で農民の家が木材ではなく石材で建てられていたのは当時としてはきわめて珍しいことだと強調している[3]。

さらに、十二世紀から十三世紀にかけてはおそらく貨幣流通における托鉢修道会の役割が頂点をきわめ、次いで衰退していった時代だと言える。一部の修道院、特にクリュニー会系列の修道院は、借金をする一般信徒にとって主要な融資者であった。しかし、貨幣需要が大幅に増大し始めたため、こうした修道院は流れから取り残されてしまったのである。

ところで、新たな鉱山が開発され、さらに、キリスト教圏の北部や東部に価値の高い銀貨、さらにはビザンチン金貨やイスラム金貨までもが広まったにもかかわらず、キリスト教圏内では、貨幣需要の増大に対応するための貴金属資源が不足していた。そのため、十二世紀には、貨幣経済の発展はある程度に限られた。そもそも、歴史家は当時貨幣がどれほどの重要性を帯びていたか正確には分からないままなのである。経済学者と古銭学者との間には交流がなく、残されているわずかばかりの文献には不明瞭な点もあるため――それが実体貨幣なのか計算貨幣なのかはっきり分からないことがよくある――、この時代の貨幣史はほとんど未開拓の状態である。状況が変わるのは、十三世紀になってからだ。考察の精度を上げ、かつその範囲を広げる可能性は、まさに資料の増加、そしてとりわけ一一五〇年から一二五〇年にかけてキリスト教圏の西洋が大変動を遂げた後実現された貨幣経済の発展と対応しているのである。

第4章　貨幣の最盛期としての十三世紀

ルイ九世（聖王ルイ）の彫像（十三世紀。
サント・シャペル）

ここで「最盛期としての十三世紀」とは、長い十三世紀という意味でもある。この点において、一九八八年、今では古典的著作となった『中世ヨーロッパにおける貨幣とその使用法』を発表したイギリスの歴史家ピーター・スプフォードに従っている。スプフォードは長い十六世紀という説を説いたフェルナン・ブローデルに後押しされ、その著書の中心的部分を「十三世紀における商業革命」と呼ぶ問題に充てているが、ここでの十三世紀は、一一六〇年代から一三三〇年代に及ぶと明記されている。本章で取り上げるのもこの長い十三世紀である。これは、十二世紀に変動の兆しが認められて以降、十四世紀に貨幣の使用を混乱させるような問題と衝突が発生する直前まで及んだ貨幣の絶頂期なのである。

論争の的となる貨幣

最もはっきりした兆候の一つは、利息付金貸し〔十三世紀に公会議で禁止された〕、すなわち教会が「高利貸し」と呼ぶものをめぐる議論の激化、そしてまた、高利貸しに対して古くからの反対の姿勢を強めるべきか、ある程度寛容になるべきかと揺れ動く教会の姿に見出される。実際、十三世紀は貨幣に関して教会で最もしっかりした理論的論争が展開された時代である。神学および布教の場において貨幣がこれほど問題にされたのは、以下のような要因によるところが大きい。まず、農村ではなく都会に拠点を構える修道会、すなわち托鉢修道会——その二大勢力はドミニコ会とフランシスコ会である——が誕生し、発展したこと。次に、都市で、ラテン語ではなく、俗語、すなわち多くの信者に訴える言葉での布教が広まったこと。そして、大学教育が、この世ですべての信者に関わる具体的な問題をすべて扱い、総括すなわち「大全」——このなかには貨幣も含まれていた——をまとめるよう仕向けたこと。大学の設立は、中世のキリスト教圏における貨幣の役割の拡大によって生じた知的、経済的、社会的問題と関連づけられるのである。

以下に挙げるのは、十三世紀の最も偉大なスコラ学者、アルベルトゥス・マグヌス[*1]が一二五七年、あるいは一二六三年にアウグスブルクで行った週ごとの説教——そのほとんどは俗語すなわちドイツ語で行われた——である。アルベルトゥス・マグヌスは、ドミニコ会の修道士で、パドヴァとケルンで学問を修めた後、一二四五年から一二四八年の間にパリ大学で神学修士号を取得した。続いてケルンのストゥディウムで教鞭を執ったが、その教え子の中にはトマス・アクィナスもいた。そして一二八〇年、ケルンで亡くなるまでドイツのさまざまな地域で説教した。キリスト教徒の中で、最初の偉大なアリストテレスの解釈者である。彼の週ごとの説教、すなわち一週間の一日一日、連続して行われる七回の説教は、「山上の町は隠れられない」(『マタイによる福音書』第五章、一四節)という福音書の一文に関する聖アウグスティヌスの注釈をめぐるものであった。というのも、この説教には、神学と都市の礼賛が含まれているからである。ここでアルベルトゥスは都市に必要なものすべてをもたらし、貧者に糧を与え、都市を建造物で飾って彩ることとの出来る、商人と富者の役割を強調している。アルベルトゥスの示す大罪一覧（中世の神学者、モラリスト、説教師が大罪を挙げる際の順番は、彼らの社会秩序や道徳秩序に対する考え方を最もよく表すものの一つである）では、第一の、そして最も重い罪は色欲であり、物欲、すなわち金銭欲はようやく三番目に挙げられるものなのである。アメリカの優れた中世学者レスター・K・リトルが『中世ヨーロッパにおける宗教的貧困と利益追求型経済』（一九七八）において示したように、アルベルトゥス・マグヌスはこうした説教を通して、この世の楽園のイメージは修道院の禁域ではなく、都市の大広場にあると主張しているのである。かくしてアルベルトゥスは、自らの考察の中に都市と貨幣の台頭という問題を組み込んだのである。

＊1　Albertus Magnus (1193-1280). ドイツの神学者。アリストテレスの注釈書を数多く残している。トマス・アクィナスの師として名高い。

こうした現象の反証は、都市部における貧困層の大幅な増加に求められる。中世における貧者の歴史の大家ミシェル・モラは、農村にも貧者は存在したものの、十三世紀には新たに増加した貧困層の主な居場所は都市だったと強調し、推定に必要な数値的資料については十四世紀までないにもかかわらず、フィレンツェを例に挙げている。貨幣流通の拡大と貨幣による施しの増加との間の一見逆説的にも映る関係については後で触れることにしたいが、その明らかな要因は、増大傾向にある貨幣流通に不均衡があったことにある。というのも、歴史上の社会では、一般に経済的ゆとりは社会的不平等の増大をともなったからだ。

都市における投資の新たな費目

このような貨幣流通の拡大によって領主階級はおそらく利益よりも不利益を被っていたので、都市では財政問題が一層困難をきわめた。手工業、とりわけ商業の発達による富裕化は主として個人ないし家族レヴェルにとどまった。一方、都市は共同体にまつわる支出、および都市の解放——主に十二世紀に起こった——以来、都市を代表するようになった個人ないし機関（市長や市参事会員など）関連の支出への対処という問題に直面せざるを得なくなった。そのため、適切な徴税手段を備える必要があった。こうした支出のうち第一のものは、君主、領主間の対立の時代に大多数の都市を囲んでいた城塞の建築、そしてとりわけその修復に起因するものであった。イーペルおよびパリについて既に確認した通り、商業の発達により中央市場が設けられるようになったが、こうした市場は交易に好都合であっただけでなく、都市の象徴的イメージとしてなかば大聖堂のライヴァルともなったのである。一三〇五年、アグド〔フランスのラングドック＝ルション地域圏、エロー県の都市〕では市参事会員は大広場に「建築しうる中で最も高く、最も広大な」中央市場を設立するのに司教の同意を取り付けねばならなくなった。

同様に、都市に共同のパン焼き窯や貯蔵庫、ブドウ圧搾機、そしてとりわけ水車小屋を設置するには、個人の投資だけでは不十分であり、しばしば都市共同体の介入が必要となった。これもやはりアグドで一二一八年から一二一九年にかけて生じたことで、市は司教とともにエロー川への水車小屋設置に投資を余儀なくされたのである。その他の多くの都市も水道橋、井戸、運河、水飲み場の建設費用をまかなわねばならなかった。プロヴァンでは一二七三年、市長が市外から諸施設および市街へ水道を引き、一二八三年には同市は住民の負担で四つの水飲み場を新たに設ける権利を国王から獲得した。十三世紀はまた、後に市庁舎と呼ばれることとなる市の施設が建設されるようになった時代でもある。市庁舎は十二世紀末から出現し始めた。例えば、トゥールーズでは一一九〇年から一二〇四年の間に設立されている。ブルッへの例にならい、トゥールーズ市の経常支出には市参事会員への歳費、一部の官吏、換言すれば市職員への固定給および年次給与――いわゆる年金――が含まれていた。取り締まりを請け負う下級士官の給与、市参事会員の正装や市職員の制服にかかる費用、賓客のための歓迎会――これは市が味方に付けたいと考えている人物への賄賂となった――の費用もあった。そして最後に、

R・ド・ルーヴァーによると、使者にかかる費用は相当なものであったとされる。加えて、都市の慈善政策という枠組みでは、病院やハンセン病療養所の設置という問題もあった。ジャックリーヌ・カイユは、ナルボンヌにおける病院の「市有化と世俗化」——彼女の表現による——のプロセスを見事に明らかにしている。

また別の事例としては、これもジャックリーヌ・カイユによって検討されたものだが、橋の建設にかかる市の支出が挙げられる。都市はたいていの場合、川沿いにあったから、古代ローマからパリに至るまで、橋の建設はその当初から都市権力にとっての義務であると同時に、主たる支出の一つであった。一一四四年、トゥールーズ伯がモントバンという新たな都市を設けた時、早速彼はこの都市への移住者に自分たちの負担でタルヌ川にかかる橋を建設する義務を課した。中世は、こうした橋の建材として木材から石材への移行がかなり急速に広範囲に及ぶのが顕著に認められた時代である。この新たな建材のせいで支出がかさんだとはいえ、木材であればそれほど深刻な支出にはならなかったと考えてはならない。まず、木材は都市の大部分の住宅のように火災の危険にさらされているのみならず、石材よりも増水の破壊力に弱い。貨幣流通の象徴であり、またその手段でもあったナルボンヌの橋については、ポン＝ヌフという名の第一号の橋が一二七五年に建てられた。この橋は、ナルボンヌの歴史家たちによって十二世紀に建立された中世の橋とも古代ローマ時代の橋ともされる古い橋、ポン＝ヴューに代わるものであった。そして、ナルボンヌ第二の橋は一三二九年、第三の橋は一三四一年に建てられた。この第三の橋は、オウシュウナラの橋床と石材の橋脚を備えていた。というのも、ポン＝ヌフが一三〇七年の大洪水により一部壊されてしまっていたからである。[1] 橋の建設に必要な資金は、橋を特に必要とするナルボンヌの領主やさまざまな名士たち、そしてとりわけ燭台競売〔ろうそくが燃えている間に行う競売〕で競り勝った徴税請負人が徴収する二つの通行税によってまかなわれていた。この通行税をめぐる競売にはことのほか高い値がつけられた。この競売が特に商人や裕福な手工業者の関心を集めたからである。ナルボンヌから遠く離れていたにもかかわらず、国王も何度もこの競売に介入せざるをえなかったが、それはたいていの場合、橋の建設や維持に関する支出を許可するためであった。こうした橋の建設は、長い十三世紀を通して都市部で進んだ経済的、社会的繁栄の絶頂期が終息する頃に認められた現象である。

一般的に、中世には技術設備も知識も今日よりもはるかに脆弱であったから、災害（洪水、火災、地滑りなど）の影響を強く受け、その結果、修復工事のためにますます多くの貨幣が使用されるようになった。こうした中世の災害の歴史については、ジャック・ベルリオーズによって概要が示されたものの、いまだ詳細に論じられてはおらず、したがって中世史の欠落箇所であると言える。同時代の他の多くの都市と同様に、ナルボンヌで行われた都市工事の主たる出資者は教会と住民だったが、都市とその周辺部で使用される貨幣の鋳造については、副伯がきわめて大きな役割を果たした。しかし、ナルボンヌの住民は、副伯が鋳造する貨幣の質〔の維持〕に大変強い関心を寄せたため、副伯アモーリ一世は一二六五年、市およびその周辺集落の市参事会員の懇願に対して、行政命令により、「わが父が先頃鋳造させた新貨幣を終生保持し続けることとする」[2]と宣言した。

大聖堂の建築現場

こうした大規模な整備・維持工事が展開されるよりも前は、十三世紀に最も費用を要した作業場は、ゴシック大聖堂の作業場であった。長い間、歴史は信仰および宗教的熱狂が生み出した大聖堂にまつわる神話を広めてきた。例えば、有力者は建造物に必要な原料の大部分を無償で与えたとか、建築作業は、領主によって無償で貸し出された卑しい身分の労働者や自らの労働を神に捧げようとする自由身分の労働者など、見返りを求めない労働者たちによって進められたといったものである。しかし、二十世紀後半の歴史家たちの明晰な研究によって、大聖堂の建設には多額の費用を要したことが明らかにされた。つまり、筆者が既に指摘したように、中世のヨーロッパ経済が発展しなかった理由の一つには、十字軍運動や貨幣の細分化の他に、大聖堂の建築費用があったと考えられるのである。とはいえ、こうした歴史建造物に対する筆者の賞賛の念は変わらないが。アメリカの歴史家ヘンリー・クラウスは一九七九年、一冊の本をあててこの問題を検討した。『漆喰は金なり――大聖堂建築の経済学』という雄弁なタイトルのこの書物は、一九九一年、『大枚をはたいて――大聖堂建築の資金調達』というタイトルで仏訳された。資料数が限られ、正確さに欠けているから、必然的に概算とならざるを得ないし、現在の金額に換算するのは難しいのだが、クラウスは、パリ、アミアン、トゥールーズ、リヨン、ストラスブール、ヨーク、ポワチエ、ルーアンなどいくつかの大聖堂の建築資金調達について調査した。パリのノートル＝ダム大聖堂の建築資金は、特に教会――その収入や所有地および世俗的財産の一部の売却収入を充てた――、富裕な司教からの貨幣による寄付、タイユ税（出資金）――教会参事会が、建築工事初期、つまり十二世紀末に繰り返し課した――によってまかなわれた。例えば、大聖堂建立を提唱した司教、モーリス・ド・シュリーは、一一九六年に亡くなる際、外陣の屋根組みに必要な鉛の購入費用に百リーヴル遺贈した。一二七〇年頃、裕福な司教座聖堂参事会員ジャン・ド・パリはトランセプトの建設に出資した。またシモン・マティファ・ド・ビュシは司教の中で最も気前がよく、その寄付金は五千リーヴルを上回った。

アミアンでは、一二二〇年から一二五〇年に及んだ主要な建築作業は、中産市民の金銭的寄付によって進められた。その一方で、司教ジョフロワ・ドゥーは自らの財産の一部を売却した。

さらに、司教は大聖堂の建設期間中、この町の他の教会にはいかなる寄付もしてはならないと命じた。十三世紀末には、アミアン市は建設工事を完成すべく、巨額の公債を充てたので、市の負債はかなり膨らんだ。さらに同市は、市外に拠点を構えながらも市内に二つ修道院を持っていたドミニコ会に、市場設置のため修道院を市に売却するよう命じ、この市場の収入を大聖堂建設費用に充てた。タイセイ(青色染料)売りは商売で財をなし、貨幣を寄付したので、彼らへの感謝のしるしにタイセイ売りの見事な彫刻が作られた。

トゥールーズはこの偉大な町にふさわしい大聖堂を持つには至らなかった。というのも富裕な市民も教会も大聖堂建設に多額の資金を投資しようとはしなかったからである。市民および聖職者の利益と財力は他の教会のために使い果たされていた。十二世紀にはベネディクト会の見事なサン=セルナン教会と、ラ・ドラード教会およびラ・ダルバード教会の建設資金が問題となったが、後者二つの教会については、地元で多数を占め、精力的に活動していた手工業者と商人、特に刃物業者のギルド、つまり同業者組合からの出資によって大部分まかなわれた。トゥールーズがカタリ派狩りの拠点となった時期には、大聖堂建設は好意的に受け取られなかった。十三世紀末、司教ベルトラン・ド・リル=ジュルダン(一二七〇—八六)が大聖堂建立を再開し、熱心に押し進めた際、出資を受けたのは主に托鉢修道会の教会、とりわけドミニコ会の教会であった。トゥールーズ市民はこの教会を「大聖堂の代わり」とみなしたのである。

リヨンの大聖堂建設——実際には一一六七年から手がけられた再建計画であるが——についても、聖職者と中産市民の双方から出資を受けることになった。というのも、聖職者も中産市民も大聖堂建設への関心——遺贈や贈与への割当がその指標となる——を継続的かつ真剣には示さなかったからである。そのため、リヨンのサン＝ジャン大聖堂の建設は十六世紀末まで続いた。一方、ストラスブール市民は大聖堂——火事の後、ロマネスク様式の外陣に代わって新たに造られたゴシック様式の大聖堂——に対して強い情熱を抱いていたから、十三世紀中葉、急速に建築作業が進められ、偉大な正面玄関が一二七七年から一二九八年にかけて完成された。これに対して、イングランドでは、一二〇〇年に始まったヨーク市の大聖堂建設には大司教がきわめて積極的に関わったものの、作業が急速に進められる時期と、休止する時期が交互に訪れた。

クラウスはさらに、ポワチエとルーアンの大聖堂建設についても調査している。ポワチエでは、一二四二年、ポワトゥー地方がフランス人に占領された後、奇妙なことに建設工事が長期にわたって中断された。作業中断は聖王ルイの弟アルフォンス・ド・ポワチエ（一二七一没）の親王采地となった間ずっと続いた。ルーアンでは大聖堂建設はプランタジネット家末期のイングランド王からもフランス王フィリップ二世（尊厳王）、ルイ八世、聖王ルイからも援助を受けた。しかし聖王ルイは、教会建造のために寄進するにあたり、ルーアン大司教ウード・リゴー〔Eudes Rigaud（1210?-75）. フランシスコ会に属した〕との緊密な関係と托鉢修道会への関心との間で心が揺れていた。多くの中世の大聖堂同様、ルーアンの大聖堂が完成されたのはようやく十五世紀末から十六世紀初頭になってからのことであった。特にかの有名なバターの塔が建設された時期であるが、塔にこのような名が付けられたのは、食道楽の中産市民が購入した四旬節の免罪符によってその建築資金がまかなわれたからである。

教会収入と中産市民の寄付によってまかなわれる資金のほかに、十三世紀初頭から大聖堂建設資金の合理的な管理が可能になったのは、フランスで「教会財産管理委員会（ファブリック）」、イタリアで「財産管理局（オペラ）」と呼ばれた専門機関の出現によってである。教会財産管理委員会が受け取る収入は、一般的に不定期である上に金額もまちまちであったが、建設現場に定期的に出資し、予算――ここには、予算総枠が定められ、さらに予算の最終項目の詳細まで明確に示されている――を立てる責を負っていた。アラン・エルランド＝ブランデンブルクによれば、「教会財産管理委員会はかくも重要な計画の実行と継続的管理に必要不可欠な制御装置の役割を果たしており（中略）既に述べたようにこの上なく無秩序な現実を整理しなければならなかった」[3]のである。イタリアの大聖堂の「財産管理局」に関する最も網羅的な研究としては、シエナの大聖堂を対象として二〇〇五年、アンドレア・ジオルジとステファノ・モスカデッリが発表したものが挙げられる。[4]シエナの「聖マリア教会財産管理局」が設立されたのは、ずいぶん早い時期である。というのも、この財団について現在知られている最初の記述は一一九〇年にさかのぼるからだ。大聖堂の「財産管理局」への寄付は、十三世紀には遺言による遺贈や金銭寄付の形をとっていたが、「財産管理局」が機能し、大聖堂建設資金を調達するための主たる財政基盤は、大聖堂に捧げられる、あるいは大聖堂が購入する蠟からの収入の独占権に求められた。たいていの場合、このような独占権から得られた収益は貨幣の形で支払われた。この特権は、一二六二年の「都市条例」という法的文書によってはっきりと定められた。最後に、大聖堂の建設現場に出資するための「財産管理局」の財産は十三世紀末から形成され始めた。その中には、市外の畑やブドウ畑、一二七一年からはポンテ・ディ・フォイアーノの水車小屋から得られるようになった収益、木材供給のための森林、大理石の採石場、さらに十四世紀には一貫して購入増加傾向にあった市内の不動産が含まれるようになった。そして、さまざまな資料からは、「財産管理局」の収益のうち、親方と労働者の日給に充てられた割合を正確に推測することが出来る。

新たな資金への依拠

投資や都市運営という相当額の新たな支出に対処するため、一般的に都市は王権ないし領主権力の許可を得て、募金、すなわち徴税を行うこととなった。シャルル・プティ＝デュタイイによれば、例えば十四世紀初頭には、都市は「サンス地代で借りた住宅、広場、市場の陳列台、墓穴、そして時には水車小屋を有しており、あらゆるこまごまとした収入を得ていた。（中略）罰金、移転にかかる領主制的賦課税、市民権獲得ないし同業者組合への入会にかかる税金を受け取っていたし、また市の官職や下級士官職を売買していた」とされる。しかしこの歴史家は加えて、このような追加収入はいずれも恒常的支出をカヴァーすることはできなかったとしている。彼によれば、「たいていの場合、こうした追加収入は予算の五分の一にも満たなかった。例えばアミアンでは、予算の五分の四は年次課税でまかなわれていたが、これは原則として住民の同意を得た上で課せられ、地域によって額が異なっていた」という。したがって市の評議会は財産に課せられる税金、一般的に「タイユ税」と呼ばれた今日のいわゆる直接税か、あるいは経済活動に対して課せられる税金、さまざまな呼称があったものの一般的には「エード」と呼ばれた間接税に頼ることとなった。ブルッヘでは、十四世紀初頭には「マルトート」と称された三種類のエードが存在した。ワイン・マルトート、ビール・マルトート、ハチミツ・マルトートである。ワイン・マルトートについては両替商に徴収を請け負わせた。この三種類のマルトートは市の収入全体の八五％に及んだ。こうした税はきわめて評判が悪く、徴収が難しかったから、都市はしばしば融資を求め、負債を負わねばならなくなった。パトリック・ブシュロンが「公債と税の弁証法」について論じたのはこのような状況を踏まえてのことであった。市の会計簿が入手可能になる時期――一般的にはフランドル、北フランス、ビザンツ帝国の諸地域では十三世紀後半――には、資料の中に公債についての記述が確認される。公債は、十四世紀にはイタリアの諸コムーネ、プロヴァンス、カタルーニャ、バレンシア王国に広まった。というのも、こうした支出と課税をめぐる問題のために、都市は商人にならって市の会計業務を発達させたからである。会計業務は一般的に十三世紀末、イーペルでは一二六七年、ブルッヘでは一二八一年に開始された。会計簿は出納係の責で作成されたが、出納係は一般的に裕福で、赤字の際には自らの財産を投資しなければならなかった。都市の会計簿はラテン語ではなく俗語で記され、使用可能な最初期の資料の中には、シャンパーニュの大市で購入された紙も混ざっていた。リール市の会計簿は一三〇一年、および一三〇三年には紙に記録されたのである。

中世都市の財務は一般的に、解放特許状[*1]をもとに行われた。ルイス・マンフォードは「解放特許状は都市にとって有効な経済組織を構成するための第一の条件であった」と記している。例えば、一一五五年、かの有名なロリス特許状は、司教区の住民はいかなる者も自ら消費する生産物、および自ら労働し、生産した穀物について税金を払う必要もなければ、エタンプ、オルレアン、ミイ、ムランで通行税を支払う必要もないと定めた。

＊1　国王や領主が共同体に特権を認める特許状のこと。

フランドル伯領やフランス王国で中央集権化が進むにつれて、次第に都市財政の管理が進んでいった。伯爵や国王は予算を立てようと努めたが、その資料が残っている場合でも、どれが実質貨幣に対応するもので、どれが単なる見積り額に過ぎないのか見極めるのは難しい。都市の財政管理の最も目覚ましい例の一つとしては、ギ・ド・ダンピエール伯〔Gui de Dampierre (1226-1305)〕の要請でフランス王フィリップ三世（豪胆王）が一二七九年に出した王令が挙げられる。王はフランドル伯領の都市すべての市参事会員に、伯爵あるいはその代理人の前で、そして関係する住民、とりわけ庶民および中産市民の代表者の前で、財務管理について毎年財務報告を行うよう命じたのである。

かくして、中世都市において貨幣の影響力は次第に強まっていった。中産市民の第一の野心は自由を得、とりわけ自治を行うことであったが、貨幣の管理もまた、彼らの主要な関心事であった。中産市民は封建制度と無関係ではなく、とりわけ都市の市場では領主、および領主に属する農民に必要な貨幣――領主には贅沢品や豪華な品々にかかる費用のため、農民には領主に賦課租の一部を支払い、農村では手に入らない必需品を手に入れるため――を提供していたものの、より心地よく暮らすため、そして威信を得るために財をなしたいという欲望に従うようになった。しかも、ブロニスワフ・ゲレメクがパリを例に示したように、中産市民はしばしば召使いや部下を使っており、次第に貨幣で給与を支払わざるを得なくなった。ロベルト・ロペスが明らかにしたように、こうした貨幣資産は主に商業および産業に由来するものであった。当然のことながら、十三世紀、ますます貨幣への依存を高めたのは、大規模に商業を展開する大都市だけであった。こうした大規模商業で流通した製品は、穀物、ワイン、塩、皮革製品、高級織物、鉱物そして金属であった。しかしながら、中規模都市の中にも貨幣普及の影響を受けたものがあった。「ワインの首都」とも言うべきラン、イングランド王が十二世紀後半に与えた特権が、フランス王によって十三世紀にも延長されたおかげでワイン輸出の主要港となったルーアン、「トール（表）の道」という両替商に用いられた道を有したリモージュがその例である。

貨幣増加が社会に与えた影響

都市における貨幣流通のもう一つの要因は消費に求められる。ここで、偉大なドイツの歴史家ゾンバルトの古い定義を繰り返すことにしたい。「都市とは、食糧に関して外部からもたらされる農産物に依存する人間集団のことであり」、市民は次第に貨幣を支払うことでこうした農産物を獲得するようになったのである。より最近の歴史家ダヴィッド・ニコラは、フランドル地方の都市の飛躍的発展において消費が果たした役割を明らかにしたが、彼がまず指摘したのは、フランドルは「この地方の都市の食糧を十分確保することができなかった」こと、そして大都市は、頻繁に訪れる食糧不足に際し、地方の小集落から突きつけられる穀物の価格引き上げから逃れるべく、食糧確保のため穀物の供給源を管理する必要に迫られたということであった。繰り返しになるが、このような状況からは、中世に関して、貨幣経済の埒外で機能する農村経済と、非貨幣の封建経済とみなされる農村経済の機能とは無関係に存在する都市経済という対立項を立てるべきではないことが明らかになる。この結果、価格変動が生じ——この問題については後で論じるが——、資料に示される価格は具体的な貨幣に対応するものではなく、信用基準に過ぎなかったとはいえ、中世経済、ことに都市経済は貨幣経済に特徴的な価格システムへと導かれることになった。都市におけるこうした貨幣使用は都市民、中産市民の上層部に限られていたわけではない。ヘントの貧しい市民の多くが十四世紀中葉、穀物の購入だけに給与のほぼ半分を、そして食費に家計の六〇%から八〇%を充てていたと考えられる。さらに指摘すべきは、特に都市で顕著であったが、中世の人々が驚くべき量の肉を消費していたということである。これは経済的現象であると同時に、文化的現象でもあり、その理由はいまだ十分に明らかにされていないが、中世の都市には多くの肉屋が集まり、絶大な力を持った——彼らは富を蓄え、力を持ったが同時に軽蔑されてもいた。例えば、一三二二年、トゥールーズではせいぜい四万人程度の住民に対して一七七人の肉屋がいたが、これは住民二二六人に対して肉屋一人の割合である。ちなみに、一九五三年の同市では二八万五〇〇〇人の住人に対し肉屋は四八〇人。つまり、住民五九四人に対して肉屋一人という割合であった。

都市社会の構造は貨幣の流通と使用に大きく左右された。十三世紀の人々の目に映っていたように、都市の社会的不平等が生じたのも、有力者が備える権力の中で貨幣財産が次第に大きな位置を占めるようになったのも、とりわけこのような枠組みにおいてなのである。十三世紀は貴族階級、すなわち上流階級に属し、権力の大部分を有する血族集団の時代であった。貴族は次第に裕福になっていった。この富には主に三つの源があった。一つ目の財源は、古くからのもので、市外に土地を、市内に住宅を所有することであった。二つ目は、主に商業によるものであるが、三つ目は貴族の特権と税収に由来するものであった。裕福な中産市民はエードすなわち間接税の支払いを逃れるためにうまく立ち回った。アミアンでは、人口の四分の一を占める最富裕層の住民六七〇人がワインにかかるエードの八分の一も支払っていなかったと推定される。貨幣についての記述が顕著に現れるようになったのは法的文書の中においてである。こうした文書は十三世紀、すなわちローマ法が再生し、教会法が定められ、慣習法が記録されるようになった時代に増加した。一二八三年に完成された『クレルモン＝アン＝ボーヴェジ伯の慣習法』の第五十章「優れた都市の住民について」において、国王バイイ[*1]であったフィリップ・ド・ボーマノワールは、こう記している。「コミューンの中でも優れた都市において、『タイユ税』のせいで多くのいさかいが起こっている。市の諸問題を司る富者が自分自身と親のために税金を支払う義務はないと主張し、自分たちが支払いを免れたのだからという理由で他の富者にも税の支払い義務を免除するからだ。かくして、あらゆる経費は貧者に重くのしかかるのである」。

＊1　十二世紀末に定められた国王役人で、とくにフランス北部の行政、軍事、司法をになった。

あるいは、こうも言えるだろう。「財務は都市のアキレス腱である。都市の支配者たる中産市民——たいていの場合、商人と金融業者であった——は、数字と計算が飛躍的発展を遂げた時代でもある十三世紀に、勘定することを覚えた」。つまり、彼らは貨幣流通の恩恵を受け、またそれを促進しながら富を蓄えることを覚えたのである。

しかしながら、厳密な意味での富者について論じるのはいまだ困難であるが、資本家についてはそれほど難しくはない——この問題については、後で論じることにしたい。こうした人々は依然「権力者」であり続けたが、それはまた特にイタリアの商人と銀行家に当てはまることであった。この問題については、アルマンド・サポーリとイヴ・ルヌアールの研究が挙げられる。ここでは、ジョルジュ・エスピナスの古典的ではあるが、タイトルが時代錯誤的と思われる著作『資本主義の起源』の主題となったある有名な例を挙げることにしたい。それは十三世紀末に活躍したラシャ商人、ジャン・ボワヌブローク氏のことである。エスピナスはとりわけ、このラシャ商人による小市民の支配に光を当てた。おそらくこの商人の権力の第一の原因は、彼が金を持っており、それを貸した上で不当に上乗せされた返済金を容赦なく債務者に要求したことにあるのだろう。しかしその権力はまた別の基盤の上に成り立つものでもある。彼は仕事を与え、自分自身で男女の労働者を自分の家あるは彼らの家で雇ったが、「ほとんど給料を支払わないか、支払いが悪いか、まったく支払わないか」といった状況で、「トラック・システム」、すなわち現物支給をしていたのである。ここからはまた、経済・社会生活はいまだ完全に貨幣化されていなかったことが分かる。ボワヌブローク氏はまた、多くの住居を所有していたが、そこには労働者、顧客、納入業者が住んでおり、かくして彼らはさらにいっそう同氏への依存を強めた。十二世紀に設立されたハンザ同盟の一大拠点リューベックのような都市においては、穀物倉庫、商店、ワイン醸造桶、パン焼き窯、市場といった経済施設はごく少数の大商人の手に握られていた。最後にボワヌブローク氏は、政治的支配権とそれにともなう権力をほしいままにした。都市における賃金制と貨幣の役割の発達は、一二八〇年頃から発生し始めたストや暴動の主たる原因の一つであった。ちょうど一二八〇年、ジャン・ボワヌブローク氏は市参事会員だった。そして、同じ社会的身分に属する仲間とともに、「大変なエネルギーで」機織り工の暴力をともなうストを制圧したのである。

十二世紀末から、時間の価値に対する市民の感受性が次第に高まっていった。時は金なりという考え方が出現したのである。とりわけ十三世紀には、手仕事も含めて労働の経済価値、いや貨幣価値の重要性が強調されるようになった。これには都市における給与生活者の増加が間違いなく影響を与えている。「あらゆる労働は給与を受けるに値する」、この福音書の一文(『ルカによる福音書』第一〇章、七節)が、次第に引き合いに出されるようになった。ただし、都市共同体が決して獲得することのない権利があった。それは、貨幣鋳造という領主ないし国王の権利である。しかし、ナルボンヌの例において確認した通り、十三世紀には、経済を円滑に機能させ、財産を守るため、中産市民はしばしば領主に貨幣の安定を保証するよう求めたのである。

長い十三世紀の絶頂期に、貨幣が急増した都市部を立ち去る前に、富者と貧者の対立という主要な社会現象と比べると副次的とはいえ、やはり重要であり、かつ意外な現象について指摘しておきたい。それは一部の女性が貨幣を管理し、さらには富を獲得するようになったことである。こうした現象は、十四世紀初頭のパリに関するきわめて貴重な資料、すなわち都市の主要な税、タイユ税の数年間にわたる徴収の記録に認められる。パリ経済の収入源の一つには、石膏採石場の開発があった。この採石場は建設業のために用いられ、中世以降、長い間マッシュルーム栽培舎が残っていた場所である。石膏採石場の女性経営者は、「プラトリエール(石膏製造販売人)」と呼ばれ、十三世紀末から十四世初頭にかけてパリで最大の高額納税者に数えられた。例えば、石膏製造販売人マリーとその二人の子供には、タイユ税四リーヴル一二スーが課せられた。それより額が少ないところでは、石膏製造販売人ウーデには四スー、石膏製造販売人イザベルには三スー課せられたが、似たような状況にあった女性は他にもいた。したがって、ジャン・ジンペルが「大聖堂の十字軍運動の成功において女性は決定的役割を果たした[5]」と記したとしても、そこには何らの誇張はないと言えるのである。

osse i trame annova
diago i quati di se

Como se die fai
e cossa se adrie
30. e 40. fa 70.
vien 17. e $\frac{1}{7}$. de di,
bi e ese tu nos
. de 30. se 10. e pia
anchona va 13. $\frac{1}{3}$.
ma 10. e quado qsta
do, e qsta danchona
e semeiante raxio,

naue

Fame questa raxio davenexia
a roma se 200. mia per corier
se a roma che vuol vegnir a venexia
vien i 20. di a venexia, e un corier
se in venexia che vuol andar i roma,
va da venexia a roma i 30. di, ado
mandote i quati di se scontrera qsti corieri
i senbre,

Questa se chiama dicta regola
che nui devemo moltiplicar
l'andar de l'un e de l'altro insenbre e di
20. via 30. fa 600. e puo di 20. e 30.
fa 50. mo parti 600. i 50. parte
che ne vien 12. e i 12. di se scontrera i senbre,

Mo se pis che qsto ~~che~~ vien da roma
a venexia vien millia 10. al di,
avera fato mia 120.

E quello che va da venexia a roma
va millia 6. $\frac{2}{3}$ al di, avera fato
millia 80. cossi se tute le simiate raxio,

第5章

十三世紀の商業革命における交易、銀、貨幣[1]

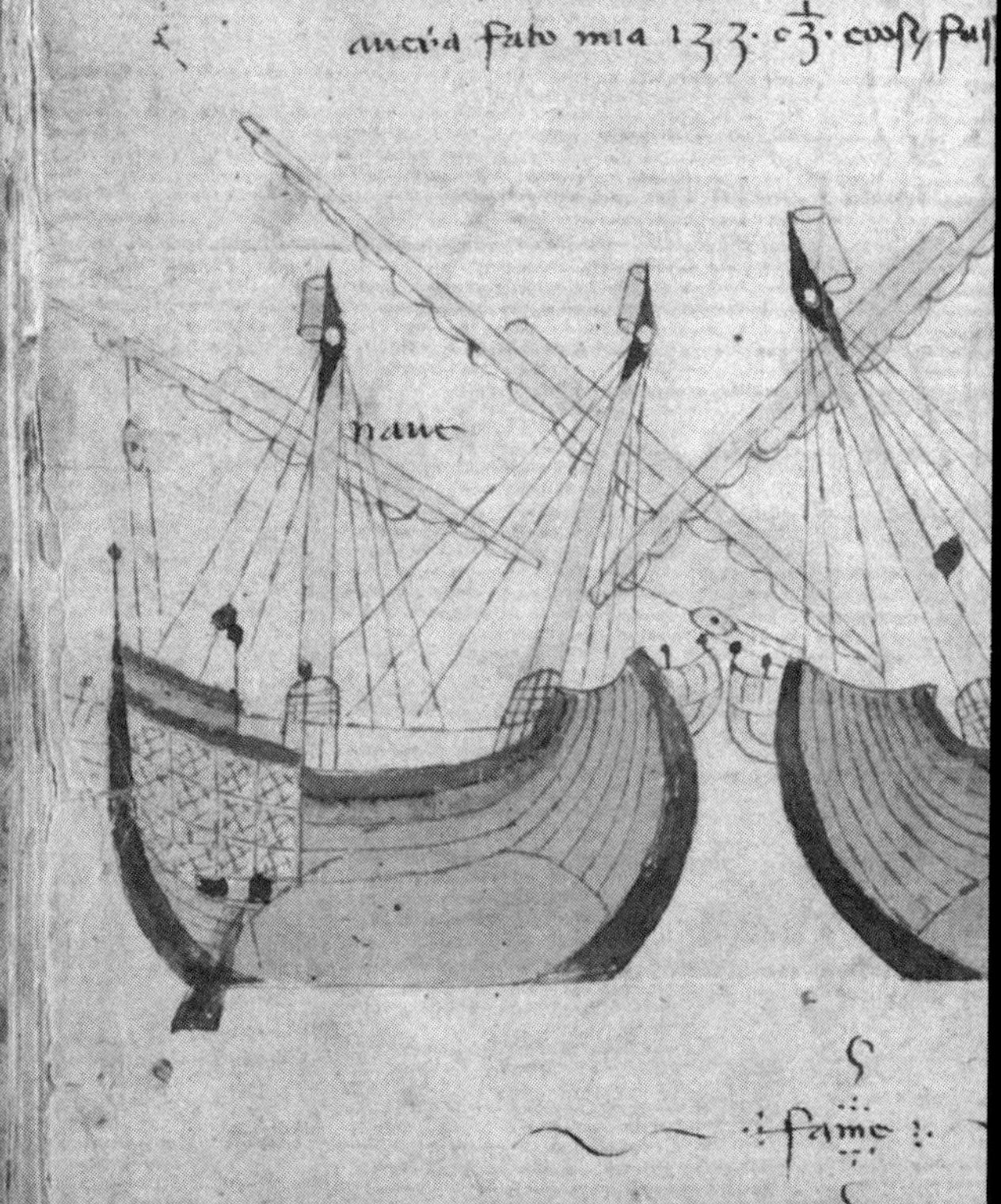

『ツィバルドーネ・ダ・カナル』の一ページ
(十四世紀)

大多数の中世学者は皆こぞって、西洋の長い十三世紀には、商業「革命」と呼びうるような国内外での商業の発達があったとみなしている。この問題については既に述べたが、ここでもう一度、貨幣とこの商業革命との関連について立ち戻りたい。というのも、その意義は単なる経済問題の枠組みを大きく超えているからである。この点において、その財宝を一一八九年ロマに奪われてしまったマイセン辺境伯、オットーは、象徴的人物であると言える。マイセン辺境伯は、「富者」と呼ばれ、彼の場合は例外的にこの語がその権力よりも財力を指していた。当時の年代記によれば、一一八九年における彼の財産は主に銀の地金で、三万銀マルク以上と推定されている。この財宝を当時ドイツのこの地域で最も流布していた小さな貨幣、ペニヒに換算すれば、一千万ペニヒ分の貨幣が鋳造されたことになる。辺境伯による財宝の一部の使い方は、当時最も一般的であった富豪の貨幣に対する考え方をよく表している。彼はその一部を土地の購入のために投資し、ライプチヒ、アイゼンベルク、オーシャッツ、ヴァイセンフェルス、そして主要な鉱山のあったフライブルクに新たな城壁を建設するのに補助金を出した。最後に、自らの魂の救済のため、周辺の教会に分配してほしいと、ゼラの修道院に三千銀マルクを寄付した。このような態度は模範的であり、十三世紀における三つの主要な貨幣の使用法と、多くの貨幣を獲得し、所有する者の精神性とを表している。第一に、主に土地を基盤とする社会において、土地資産は重要な目標であった。第二に、都市が飛躍的に発展した時代にあって、都市の安全は次第に重要な懸案事項となった。そして最後に、後で確認するが、貨幣は、辺境伯を地獄へと導きかねなかったから、反対にその救済に貢献しうるような慈善事業に用いられたのである。

鉱山の開発

概して、商業発展に対応するための流通貨幣の増量は、銀生産の増加、つまり新たな銀山の開発によって可能になった。しかしながら、十三世紀のヨーロッパにおける銀山の生産性は、この後、十四世紀、十五世紀に到達するような水準にはいまだ及んでいなかった。銀山の生産性は、多くの場合、ドイツから、しかも時として直接ドイツの炭坑夫によってもたらされた技術的進歩によって向上したのである。例えば、イギリスではカーライル炭坑が一一六六年から一一七八年の間ドイツ人によって運営され、一一六〇年、サルデーニャでは一八名のドイツ人の炭坑夫がいたと記録されている。こうした鉱脈から採掘された銀の大部分は、金融界で絶大な力を持ち、またそこのドイツ人商館にドイツ人がいるという理由でヴェネツィアに運ばれたが、さらに、パリのテンプル騎士団の本拠地にもルエルグ地方のオルザル鉱山で採掘された銀が一部供給されていた。

新たに、あるいは従来以上に開発された鉱山の中で、主要なものはゴスラー鉱山である。この鉱山は、十三世紀に活躍したドメニコ会の偉大な神学者かつ博物学者アルベルトゥス・マグヌスが『鉱物論』[2]と題される論考において鉱石について検討した際、主たる考察対象となった。ゴスラーに続いて挙げるべきは、フリブール、チロル地方のフリーザッハ、モラヴィアのイフラヴァ、イタリアではシエナとヴォルテッラ近くのモンティエーリ鉱山、サルデーニャでは主にピサの影響を受けていたイグレシアス鉱山である。一二五七年、二万銀マルク、つまりおよそ五トンの荷を積載したピサの船が、ジェノヴァ人に捕らえられ、この二万銀マルクは、ジェノヴァ人によって海軍造船所の拡張工事に用いられた。十三世紀にはまた、イングランドのデヴォン地方で新たな鉱山が発見された。こうした鉱山の所有と開発をめぐっては、多くの争いが起こった。歴代のマイセン辺境伯は、フリブールの鉱山の支配権をしっかりと、そして長期にわたって確保しようとし、ヴォルテッラの歴代司教もまた、モンティエーリ鉱山について同様の態度をとった。トスカーナ地方、およびピサ人に支配されていたサルデーニャ地方では、鉱山は会社の所有物となり、炭坑夫は労働者のように給与の支払いを受けた。モンティエーリの「コンパニー・ディ・ファット・ダルジェンティエーラ（事実上の銀製品会社）」やマッサの「コミュニターテス・フォヴェエ（掘削共同体）」はその例である。イングランド王は一時期直接デヴォンの鉱山を開発しようと試みたが、結局請負人にゆだねざるを得なくなった。一方、特にイタリアでは、炭坑夫が自分たちの働いている鉱山の開発会社の支配権を握るに至ることがしばしばあった。ちょうど、農業において一部の農民が自由農民ないし土地所有者となって、自立を守ったり、土地を獲得したりしたように。後に産業界で生じるような自主管理を行う労働者が初めて出現したのは、実は鉱山においてなのである。

ヨーロッパにおける銀流通

ピーター・スプフォードは十三世紀ヨーロッパのさまざまな地域について、それぞれ使用された貨幣の重さ（いわゆる国際収支表）をまとめ、銀の流れを推定しようとした。彼が拠り所とした資料——この中には文学テクストや、今日まで残る財宝、貨幣リストが含まれる——の中には、十三世紀末のものであるが、この時代の総括であると同時にその産物でもある文献が二つ含まれている。それは、商人によって執筆された商業と貨幣に関する最初の二冊の教本である。そのうちの一冊はヴェネツィアの一族であるカナル家が一三二〇年頃に残した『ツィバルドーネ・ダ・カナル（カナル一族の記録）』と称される文書である。もう一冊は、一三四〇年頃フィレンツェの商人フランチェスコ・ペゴロッティ[*1]に執筆された『商業実践』で、こちらはより構成がしっかりしており正真正銘の論考に近い。

＊1　Francesco Balducci Pegolotti (1290-1347). フィレンツェの商人、政治家。

一二二八年、ヴェネツィア人たちはカナル・グランデに、ドイツ人の商人を迎えるための施設、すなわち「ドイツ商館」を建設した。この施設のおかげで訪れるドイツ人の数は増加し、当時最も生産性の高かったドイツの鉱山の貨幣がもたらされることになったのである。ツィバルドーネによれば、これ以降、ヴェネツィアでの貨幣鋳造は、主に「ドイツからもたらされる銀」によって促進されるようになったとされる。ドイツの銀はイタリアに輸出されていただけではなく、ラインラント、オランダ南部、シャンパーニュ地方にも持ちこまれ、そこから主に食糧購入のためフランスに広がっていった。イル＝ド＝フランス地方に及んだのは一一九〇年代のことである。こうした銀の一部は、ハンザ同盟の商人によってバルト海を通って東方へ、そして西はイングランドの方にまで運ばれた。一二四二年の資料によると、ロンドンにはフランドル地方やブラバント地方からの大量の銀に加え、ドイツやフランドル地方の多くの都市、とりわけケルンとブリュッセルからの外国の貨幣が集まったとされる。

フランスの君主制は十三世紀に強化され、特に一二八四年、シャンパーニュ女伯ジャンヌ（ナバラ女王、ファナ一世）と後のフィリップ四世（端麗王）の結婚によってシャンパーニュの大市が国王の知るところとなってからは、フランスは特にイタリアへの重要な貨幣輸出国となった。一二九六年、教皇庁がトスカーナから徴収した税の三分の一はフランスの貨幣で支払われていた。十三世紀末、ジェノヴァ、ヴェネツィア、ピサの三都市が定期航路を開いたおかげでイタリアと北ヨーロッパの間の銀流通は促進され、銀の地金あるいは貨幣の形の銀は持ち出される主要商品の一つとなったのである。行き来する船の数や頻度によって、例えばブルッヘのような都市は、六月と十二月に、「窮乏」すなわち銀不足状態になり、反対に八月、九月には「豊富」すなわち潤沢状態になった。

『商業実践』の著者、フランチェスコ・ペゴロッティは彼自身、貨幣の長い十三世紀〔本書第4章参照〕から生じた制度上および地理上の枠組みの中で行動した銀行員の例である。彼は外国では有名なフィレンツェの銀行バルディ社の出張販売員であった。一三一五年から一三一七年にかけてアントワープ支店、一三一七年から一三二一年にかけてロンドン支店、次いでキプロス島のファマグスタ支店を経営した。彼の経済活動は一部の食品、毛皮製品、ゴスラーの銅、ヴェネツィアを介して入ってくるイングランドの羊毛、アントワープで売られているキャビア、アレクサンドリアで貨幣に鋳造される青銅の炭酸塩鉱物の交易ときわめて密接な関係にあった。トスカーナ地方には、中央ヨーロッパ、トスカーナ地方のモンティエーリ、サルデーニャ地方のイグレシアスから来る銀――サルデーニャの銀はピサから特別にもたらされていた――が潤沢に供給されていた。トスカーナ人はこうして手に入れた銀を貨幣に鋳造し、購入時よりもはるかに高額で売るか、ルッカで製造された絹のような手工業製品に投資するかして、その価値を高めた。そしてミラノ人もまた、金属工場や綿織物工場に出資することによって、手に入れた銀の地金の価値を上げていたのである。

イタリアと北ヨーロッパの間の交易の他に、北イタリアおよびトスカーナ地方から東洋に至るまでの地帯――コンスタンチノープル、パレスチナ、エジプト――に別の商業の流通経路が発達していた。ヨーロッパの銀は、東洋の人々がヴェネツィア、アッコ、アレクサンドリアにフォンドゥク〔北アフリカやアラブ地域に見られる宿屋〕に似た施設を設ける財源となった。十三世紀、東洋に輸出された主要な貨幣は、イングランドのスターリング銀貨、フランスのトゥール・ドゥニエ銀貨、ヴェネツィアのグロ銀貨であった。貨幣の増加は、イタリア人による東洋の製品のヨーロッパへの輸出・再輸出量が増加したことから直接的に生じた結果であった。東洋から西洋へ輸入される二つの製品が特に重要性を帯びた。つまり、北シリアの綿と、インドとアラビアから来る香辛料である。アレクサンドリア、ディムヤート、アレッポ、アッコに定住するピサ人、ヴェネツィア人、ジェノヴァ人がこうした製品を東洋から西洋へと運んでいた。かくして西洋の銀はきわめて長距離に及ぶ東洋の製品の交易資金源となったのである。ロシアの毛皮製品や小アジアのミョウバンのように、比較的近い地域で手に入るものから長距離交易の資金が調達されたので、長い十三世紀の間に、東洋との交易は、絹については中国まで、香辛料と宝石については東インドまで、真珠についてはペルシャ湾にまで及んだ。ここから十三世紀、西洋の中で、あるいは西洋を通って貨幣が伝播した原因の一つは、西洋の領主主義社会、ことに都市社会において、そして中産市民の上層階級において、贅沢品が広まったことあるのが明らかになる。

宗教もまたこの時期、貨幣の使用を促進した。最初の原因は、教皇領の拡大――これについては後で触れることにしたい――であるが、これに多くのキリスト教徒、とりわけフランシスコ会修道士とその聴衆は憤慨し、その結果、特に十二世紀末から十三世紀初めにかけて、教皇が貨幣を求める傾向にあるのを手厳しく批判する書が流布する事態となった。『神のビザンチン金貨』や『愛徳＝寄進の物語』、さらに『銀マルク＝マルコによる福音書』といった風刺物語などはその例である。十四世紀初頭、アヴィニョンに座所を定めた教皇は、ローマよりも中心にあるというこの町の地理的位置を利用して、ヨーロッパ内の教会およびキリスト教徒に対する徴税制度を強化した。教皇ヨハネス二十二世の在位期間（一三一六―三四）には、教皇庁の収入は、平均して年二二万八〇〇〇フィレンツェ・フィオリーノ金貨にのぼった。これはかなりの額と考えられるが、多くのキリスト教徒はこの数字をはっきりとは知らぬまま教皇庁の財産についてあれこれ想像し、教皇は神ではなくマモン〔キリスト教世界では富または貪欲を表す〕を愛しているのだと考えた。しかしながら、教皇庁の収入は、フィレンツェ・コムーネの収入よりも少なく、同じ時代のフランス王およびイングランド王の収入の半分以下であった。資金は特にアヴィニョンの教皇庁建設を可能にしたほど巨額であったにもかかわらず、教皇庁会計院の収入の大部分はイタリアへ送られた、いやイタリアへ戻された。というのも教皇はこの地でいくつもの困難な戦争に関わっていたからである。しかも後で確認するように、中世には、戦争は多額の資金、そしてたいていの場合、貨幣の形での資金を必要とした。早くも十三世紀末には、のちの百年戦争のプロローグとなったガスコーニュでの英仏戦争が、イングランド王にもフランス王にも高額の出費を強いた。例えば、エドワード一世はこの戦争で、自らの軍隊に給与を支払い、フィリップ四世（端麗王）に対してガスコーニュ地方を守り、また多くのフランスの領主の支持ないし中立を金で買い取るために、一二九四年から一二九八年にかけて七五万リーヴル・スターリングを使った。再びアヴィニョンに話を戻すと、教皇庁会計院が徴収し、使用する銀には、教皇庁の枢機卿の収入および支出を加えなければならない。しかも、それはきわめて高額になっていた。長い十三世紀におけるもう一つの宗教関連の支出は、最後の十字軍活動への出資であった。最後に、フランス南部のロカマドゥールの道、そしてとりわけ、スカンディナヴィアやスラヴの国々も含めてヨーロッパ中の巡礼者が次第によく利用するようになったサンチャゴ・デ・コンポステーラの道のような中距離の巡礼が広まったために、多額の貨幣が集まるようになった。

フランス人については、イタリア遠征——聖王ルイは拒んだが、その弟シャルル・ダンジュー

〔シチリア王、カルロ一世〕、そして後にその甥の息子シャルル・ド・ヴァロワ〔ヴァロワ伯〕さらにフランスの裕福な領主の関心を惹いた――が開始されたため、十字軍運動が国王、および領主が統治するフランス社会に課したような税の徴収が新たに行われるようになった。イタリアの地平線がパレスチナの地平線に代わるようになり、フランスの富の搾取は長引き、そしてさらに拡大した。この十三世紀の間に、イングランドはドイツ方面に新たに貨幣を吸い上げられることとなった。これは十三世紀初頭、イングランドのジョン失地王がブーヴィーヌで敗れた義理の弟オットー四世に巨額の経済的支援を与えたからである。ヘンリー三世は、妹イザベルをフリードリヒ二世に嫁がせ、きわめて高額の持参金を持たせたのみならず、ドイツと両シチリアで困難な軍事行動を展開していた皇帝に多額の経済的支援を行った。このようなドイツ人によるイングランドの富の搾取の例は、ケルン大司教によって示される。というのも、大司教は政治的支援を求めるイングランド人から富を得て、一二一四年、五百マルクをローマに送ったが、その大部分はスターリング銀貨だったからである。同じ頃、イングランドでの銀の使用は、大陸で鋳造された偽のスターリング銀貨の流通で大いに混乱した。

銀貨の鋳造がヨーロッパで増大する一方で、アフリカでは金貨の鋳造が広がった。それまでは、アフリカからヨーロッパへ輸出された金（その中で最も多くを占めていたのは東洋に向けたものだった）は蓄えられるだけで貨幣に鋳造されることはなかったのだ。アフリカの金は、

「スーダンの金」と呼ばれ、この金は主にモロッコ南部、サハラ砂漠北部で採掘された。この地域の中心都市シジルマサは、八世紀、サハラ砂漠横断ルートが開かれた時に創られた都市である。この金は主に金粉、つまりきわめて細かい粉末状になった天然金の形で輸出された。金の地金の形でトンブクトゥから輸出されるアフリカ金もわずかながらあったが、たいていは北アフリカの貨幣工房で金貨にかえられた。その一部は後ウマイヤ朝からスペインのイスラム圏にもたらされ、ごくわずかながら隣接するスペインのキリスト教圏、とりわけカタルーニャにも届けられた。スペインのムラービト朝の最後の君主、モハメド・ベン・サードがムルシアでの金貨鋳造をやめたのち、カスティーリャ王アルフォンソ八世は、一一七〇年、トレドで自らモラベティノあるいはマラベディ金貨を鋳造し始めた。その一部はイタリアの商人が手に入れ、イタリア北部へと運んだが、後で確認するように、十三世紀中葉にはサハラの金は次第にキリスト教国に届くことはなくなった。この頃、キリスト教圏ではカール大帝によって中断された金貨の鋳造が再開されていたからである。

貨幣の鋳造、貨幣工房、貨幣の種類

ヨーロッパでは、先に述べたような新たな銀山あるいは銀鉛鉱山の開発によって、貨幣にされる銀が急増し、流通し始めた。ザクセン地方、エルツ山地のふもとにあるフリブールの広大な鉱山地帯には、一一三〇年頃、九つの貨幣工房しかなかった。一一九八年、工房の数は二五を超え、一二五〇年頃にはその数は四〇に及んだ。イタリアでも同じような飛躍的発展が見られたが、特にモンティエーリ鉱山その他の鉱山を擁したトスカーナ地方で顕著であった。一一三五年頃には、トスカーナの貨幣工房はルッカに一軒あるだけだったが、十二世紀の中葉には、ピサとヴォルテッラに貨幣工房が開かれた。一一八〇年頃には、シエナに新たに工房が開かれ、これが後の繁栄のきっかけとなった。一二九〇年代には、今度はアレッツォ、次いでフィレンツェに工房が開かれた。こうした工房で鋳造されるあらゆる貨幣のうちで、絶大な影響力を持ち、最も流通していたのは、ピサのドゥニエ銀貨であった。同じような貨幣急増は北イタリアでも確認された。ミラノ、パヴィーア、ヴェローナの古くからの工房に続いて、一一三八年から一二〇〇年にかけて、ジェノヴァ、アスティ、ピアチェンツァ、クレモナ、アンコーナ、ブレスチア、ボローニャ、フェラーラ、マントンに工房が設けられた。ラティウム地方には、一一三〇年、四つの工房しかなかったが、一二〇〇年にはその数は二六を数え、そのうちの一つは、まさにローマ市内で稼働していたのである。

フランスで貨幣工房の創設が見られた主な地域は、アルトワ地方、そして特にラングドック地方である。ラングドックについては、メルグイユ伯であったマグロンヌ司教の圧力によるもので、ここで鋳造されたドゥニエ銀貨はピレネー山脈をも越えて流通した。中央フランスでは、新たな貨幣が作られることはあまりなかったが、流通する主要貨幣が急増した。例えば、トゥールのド・サン゠マルタン神父の鋳造するトゥール・ドゥニエ、国王の鋳造するパリ・ドゥニエ、シャンパーニュ伯——その領地は十三世紀末に王家の領地に併合されることになった——の鋳造するプロヴァン・ドゥニエである。

ライン川地域では、ケルンのペニヒが支配的であったが、十三世紀後半からは、オランダの貨幣鋳造がブルッヘやヘントに集中した。イングランドでは、ロンドンとカンタベリーの二つの大工房が支配的であったが、一二四八年から一二五〇年にかけて、一二七九年から一二八一年にかけて、そして一三〇〇年から一三〇二年にかけての貨幣鋳造再開の時期に、数多くの小規模鋳造所が開設された。

こうした新しい工房の発達によって、経営者から親方、検査官、技術者、労働者に及ぶスタッフが再編されると同時に、増加することとなった。こうした工房は十三世紀には、町のそここに出現した新興工場制手工業の典型となった。それゆえ、大領主や君主は自分たちの領地に直接置かれている工房での貨幣鋳造を管理しようとした。フランスでは、フィリップ二世（尊厳王）がそのような例として挙げられる。ヴェネツィアでは、十二世紀末から十三世紀初頭にかけて、貨幣鋳造への皇帝の干渉から解放されようとする共和国のドージェ〔元首〕の努力が顕著に認められた。そして、これはしばしば成功した。ここで、中世の人々がラテン語から ratio という語の二つの意味を取り入れていたことを思い出したい。というのも、この語には理性という意味と同時に、計算という意味があったからである。十三世紀に貨幣の鋳造が進み、広く伝播したために、この語が第二の意味で用いられることが多くなり、合理化と計算が共に発展することとなった。貨幣は合理化の手段だったのである。[3]ヴェネツィアそしてフィレンツェでは、貨幣工房の経営は、公益事業の行政官の仕事に似ていた。フランスの王立貨幣工房の親方は、通貨当局と賃貸借契約を結び、貨幣鋳造量、親方と国王がそれぞれ受け取る利益の配分、技術的条件、鋳造にあたって認められる廃棄物の分量などを決めた。一つ一つの工程が、多くの点検を受け——計量や検査など——親方やその見習い、そして王権を代表する監視官によって記録を残すことが義務づけられた。ただ残念なことに、こうした記録の大部分は現在は残っていない。

こうして流通貨幣量はかなり増大し、この点については、少なくともその量の計算を可能にするだけの資料が残っている——残念ながらこういったことはまれなのだが。一二四七年から一二五〇年にかけて、ロンドンとカンタベリーの工房は新たにおよそ七千万ペニー、三〇万リーヴル相当の貨幣を生産した。十三世紀中葉には、イングランドでおよそ一億ペニー、四〇万リーヴル相当の貨幣が流通していたと考えられる。一世代後の一二七九年から一二八一年にかけては、同じ工房で新たに一億二〇〇〇万ペニー、五〇万リーヴル・スターリング相当の貨幣が鋳造された。エドワード一世はガスコーニュ戦争〔一二九四―一三〇三〕のために七五万リーヴルをつぎ込んだと想定されている。

フランスでは記録の残っている一三〇九年から一三一二年にかけて、パリの工房は、一月に一万三二〇〇トゥール・リーヴルの貨幣を鋳造し、モントルイユ＝ボナンの工房は七千トゥール・リーヴル、トゥールーズの工房は四七〇〇トゥール・リーヴル、ソミエール＝モンペリエの工房は四五〇〇トゥール・リーヴル、ルーアンの工房は四千トゥール・リーヴル、サン＝プールサンの工房は三千トゥール・リーヴル、トロワの工房は二八〇〇トゥール・リーヴル、トゥールネの工房は二三〇〇トゥール・リーヴルの貨幣を鋳造していた。最後に、貨幣鋳造に関して実質上あるいは名目上の独占権を握る主要な地方総督は、十三世紀に少なくとも貨幣鋳造の一部を鋳造工房の親方に請け負わせ始めた。例えば、モントルイユ＝ボナンの工房は、一二五三年、聖王ルイの弟アルフォンス・ド・ポワチエにより八百万ドゥニエ分の貨幣鋳造を請負わされた。聖王ルイのもう一人の弟シャルル・ダンジューは五年の間、三千万トゥール・リーヴルの鋳造を請負に出した。こうした貨幣鋳造の請負人は必ずしも鋳造工房の親方ではなく、外国の請負人も含まれていた。例えばロンバルディア人、つまり北イタリアの商人や銀行員が次第に増えていったのである。一三〇五年、ペリゴールの工房は五年を期限として、三千万トゥール・ドゥニエの鋳造を二人のフィレンツェ人の請負人に請負わせた。

このように十三世紀、ヨーロッパのいくつもの国で貨幣鋳造が発達したが、それでもなお、地域レヴェルでも国際レヴェルでも巨額の支払いには地金が使用されていた。貨幣同様、こうした地金の流通は十四世紀に大幅に増大した。教皇がアヴィニョンに居を構えると、しばしばヨーロッパのさまざまな地域の教会が支払うべき額を貨幣よりも輸送が簡単な地金の形で運ばせた。例えば、教皇ヨハネス二十二世の在位期間（一三一六―三四）にアヴィニョンにもたらされた銀地金の量は相当なものだったので、教皇が亡くなった際、在位期間中に四八〇〇銀マルク、すなわち地金の形で一トン以上の銀を受け取ったのではないかと推測された。同様に、十三世紀中葉の聖王ルイの十字軍活動は、大部分銀の地金で必要資金がまかなわれた。こうした地金はフランドル地方、アルトワ地方、ライン川地方、ラングドック地方、ローヌの谷、そしてイタリアにまで流通した。もっとも、イタリアでは貨幣は不足しておらず、潤沢に流通していたのだが。例えば、ピサは一二八八〔一二九八〕年、有名なメロリアの戦いでジェノヴァに敗北を喫した際、銀の地金で二万マルクを支払った。中央ヨーロッパ、東ヨーロッパ、北ヨーロッパにおいて、こうした国々の君主や政府が身分の低い人々――彼らは日常生活ではほとんど銀を使用しなかった――よりも銀を必要としただけにいっそう、地金の形での銀の流通は増大した。こうした現象はデンマーク、バルト海沿岸、ポーランド、ハンガリーに当てはまることであった。十三世紀末頃、キリスト教圏の大商業地帯は一般的に銀地金の流通と貨幣化を規制し、これに課税するのに頭を悩ませていた。一二七三年のヴェネツィアの例、一二九九年のオランダの例などがそれである。銀地金の大部分は保証のための公民紋章が刻印されているのではっきり識別できた。十三世紀のヨーロッパでは、主に三種類の銀地金が流通しており、それぞれ純度が異なっていた。先述の銀地金の他に、地中海、黒海に流通したアジア起源の型の銀地金、そして北ヨーロッパで支配的であった型の銀地金である。ロシアでは性格の異なる二つの銀地金が流通していた。一つはキエフの地金、もう一つはノヴゴロドの地金である。

それぞれの国、そしてキリスト教圏全体での商業において、銀の需要増加を示す貨幣関連のもう一つの兆候は、銀含有量の多い新たな銀貨、つまり「グロ銀貨」が出現し、北イタリアで流通し始めた――国際交易における役割を考えると何ら驚くべきことではない――ことである。[4] 神聖ローマ皇帝フリードリヒ一世は一一六二年、ミラノでそれまでに発行された銀貨の二倍の銀を含む皇帝のドゥニエ貨幣を鋳造していたが、最初の真のグロ銀貨はヴェネツィアで一一九四年から一二〇一年の間に創られ、ヴェネツィアの十字軍参加者が渡した四万銀マルクがこうしたグロ銀貨に鋳造されたのである。この新しいグロ銀貨の重さと価値――二六ピッコーリ（小ドゥニエ）と定められていた――は、実際の貨幣システムに組み込まれ、ドゥニエ銀貨もグロ銀貨もビザンツのヒュペルピュロン金貨と結びつけられるようになった。このような動きは十三世紀初頭にはジェノヴァで、一二一八年にはマルセイユで、一二三〇年代にはトスカーナ地方のさまざまな都市で、そして最後にヴェローナ、トレント、チロル地方で確認されるようになった。一二五三年には、一スーすなわち一二ドゥニエに相当するグロ銀貨がローマで鋳造された。シャルル・ダンジューもやはり、イタリア南部の領地とナポリで貨幣を鋳造し、カルリーノ銀貨やジリアート銀貨はヴェネツィアのマタパン銀貨と競合するようになった。聖王ルイも同様に、一二六六年、トゥール・グロ銀貨を鋳造した。グロ銀貨がオランダやライン川地方で鋳造されるようになったのは、やっと十四世紀初頭になってからのことだが、ここでは商業があまり発達していなかったため、より価値の低い銀貨が好まれた。イングランドでグロ銀貨が鋳造されるようになったのは一三五〇年以降のことだ。これに対して、地中海沿岸では、十三世紀末にはモンペリエやバルセロナのように、それぞれの都市がグロ銀貨を所有するようになった。

なるほど、グロ銀貨は新しい貨幣の中で最も便利で、最もよく使用されていたが、十三世紀における貨幣の発展において最も注目に値する出来事は、キリスト教圏で金貨の鋳造が再開されたことである。というのも、それまではヨーロッパの周縁で、ビザンツ帝国やイスラム教圏との交流に用いるためにごくわずかな量しか鋳造されていなかったからだ。サレルノ、アマルフィ、シチリア島、カスティーリャ地方、ポルトガルはその例である。こうした金貨はとりわけ、スーダンやモロッコ南部のシジルマサからもたらされたアフリカの金粉をもとに鋳造された。金貨は、北アフリカのマラケシュ、さらにチュニスやアレクサンドリアでも鋳造された。そのため、聖王ルイは二度の十字軍運動の際、貨幣工房を破壊する目的でこの地を訪れることになったのである。

ヨーロッパにおける最初の金貨は、神聖ローマ皇帝フリードリヒ二世が一二三一年からシチリア島で鋳造し始めたアウグスタリス金貨である。しかしこの金貨はアフリカの金やイスラム教圏およびビザンツ帝国の領土とゆかりの深い辺境の金貨に属するものである。実質上の最初のヨーロッパの金貨は、一二五二年、ジェノヴァとフィレンツェで同時に出現した。これは、ジェノヴァ金貨とフローリン金貨で、それぞれ洗礼者ヨハネとユリの花が刻まれていた。ヴェネツィアでは、一二八四年からキリストとドージェを祝福する聖マルコとを刻んだドゥカート金貨が鋳造され、地中海沿岸ではこれに匹敵する流通貨幣は現れなかった。イングランド王ヘンリー三世と、フランス王聖王ルイが一二六〇年頃に鋳造した貨幣は失敗に終わった。こうした高価な貨幣に刻まれた象徴的イメージは、中世の想像の世界に収められたのである。

忘れてはならないのは、十三世紀にやはり飛躍的に急増した第三の流通貨幣グループ、すなわち、特に都市での日常生活上の需要に応える補助貨幣、価値の低い貨幣である。これはしばしば「黒い貨幣」と呼ばれた。例えば、ヴェネツィアでは十三世紀初頭、ドージェ、エンリコ・

ダンドーロが二分の一ドゥニエ、つまり、オボル硬貨を鋳造した。われらが長い十三世紀の末、フィレンツェで最も鋳造された貨幣は、クワトリーノ、つまり一般的にミシュ〔約五百グラムの丸パン〕の価格に相当する四ドゥニエ硬貨であった。この小額の硬貨はまた慣習的に貧者への施しの手段となり、十三世紀には社会の自然な成長と托鉢修道会の教えや説教の影響によって施しが広まった。そのため、フランス国王の領土内では、パリ・ドゥニエは「施物所のドゥニエ」となったのである。聖王ルイは貧者に小額の硬貨を流通させるのに大いに貢献することとなった。

銀貨の鋳造に金貨の鋳造が加わったため、複本位制が回復されることとなった、いやむしろ、アラン・ゲローがいみじくも指摘したように、三金属本位制が回復されたのだ。というのも、貨幣史の専門家はこれまで、低い価値の貨幣——一般的には、補助貨幣のような銅貨であった——が次第に重要性を帯びてきたことをあまりに軽視し過ぎる傾向にあったからだ。こうした低価値の貨幣の存在は、ほとんどすべての階層において、きわめて少額の取引での貨幣使用が増大したことを示している。一般に考えられているのとは反対に、農村もこのような動向から取り残されていたわけではない。封建社会にも、マルク・ブロックによって解明されたその第二段階においては貨幣が浸透していたのである。例えば、早くも一一七〇年には、ピカルディー地方では、[5] サンス地代と新たな賦課租は、ほとんどの場合、ドゥニエあるいは貨幣価値をもとに定められていた。一二二〇年から一二五〇年にかけて、ヨーロッパの多くの地域では、農地開発にかかる費用の大部分は貨幣にかえられて支払われた。というのも、これらは裕福な農民によって行われたのであり、したがって、後で確認するように、本当の意味での土地市場は存在しなかったとはいえ、あいかわらず、貨幣使用は社会の変化と連動していたから、土地の購入によって裕福な農民階級は力を得ることになったのである。さらに増加傾向にあった生産物に対して低価値の貨幣による支払いが行われるようになったという事実を加えると、十三世紀には、貨幣は価値の蓄えという機能を完全に取り戻したことが分かる。しかも、金を貯蓄しようという動きが再び現れ、広まっていったのであるが、その極端な例はおそらくブリュッセルの財貨であろう。一二六四年頃、同市は一四万枚の貨幣を密かに所有していたのである。こうした財貨の中に占めるドゥニエ、すなわち日常使いの貨幣の割合は増えていった。貨幣流通は細分化されていたが、地域レヴェルではうまく調整されており、あるエリアでは、ある程度固定された価値比率に従って、さまざまな貨幣が流通するようになった。貨幣史の専門家はドイツの十三世紀を「地域ドゥニエの時代」と呼んでいる。

このような貨幣流通の地域化によって、プロの両替商という新たな産業部門が出現した。こうした両替商の数は大幅に増加したので、その地位は次第に社会の中で際立つようになった。彼らは豊かな富と威信を持っていたので、例えばシャルトルでは、かのゴシック大聖堂の有名なステンドグラス二枚分を出資したほどである。両替商の地位についての最も古い記述は、一一七八年、サン＝ジルで残されたもので、ここには一三三名の名が記されている。騎士道物語『ブルターニュのガルラン』[*1]には、一二二〇年頃、メッスで活躍した両替商のきわめて生き生きとした描写が含まれている。

＊1　ルノー作とされる韻文による騎士道物語。古仏語による作品であるため、翻訳にあたっては、以下の現代フランス語による対訳版を参照した。*Galeran de Bretagne*, attribué à Renaut, publication, traduction et notes par Jean Dufournet, Paris, H. Champion, 2009.

ずらっと並んだ両替商が
目の前に貨幣を広げている。
両替する者、数える者、拒む者、
一人が言う。「本物だ」、もう一人が言う。「偽物だ」
酔っぱらいでさえ、夢の中でも、
まどろみつつ見ることは決してあるまい
目覚めつつここで見るこの驚異を。
ここで宝石、
金銀の像を売る者は、

無駄に時を過ごしはしない。
またある者が出しているのは、
贅沢な食器の中でもとっておきの宝。

しかしながら、フィレンツェで両替商が地位を確立したのは一二九九年になってからのことであったし、ブルッヘには公共の両替所は四軒しかなかった。また、パリでは両替商は都市のエリートに属し、エリートとして王の行列や入市式に列席していたにもかかわらず、厳しい監視を受け、独自の組織を持つことはなかった。本書でこれから確認する通り、中世には貨幣の使用と貨幣の専門家の地位は、人々の不信と社会的認知度の向上との間で揺れていた。何らかの要因によって人々の不信感が高まると、それは軽蔑あるいは憎しみにまで発展することさえあった。ユダヤ人がその例である。古くから負債を負った下層民に対する主要な金貸しであったが、この役割はキリスト教徒に奪われ、その場限りの融資業者となった。にもかかわらず、ユダヤ人は貨幣の否定的な側面の権化であり続け、聖書および福音書に金銭への軽蔑の念が記されているがゆえに、彼らは今日に至るまで金銭に呪われた者とみなされるようになったのである。

税の引き上げとその原因

このように貨幣の浸透が比較的進んだため、インフレが増大し、ますます貨幣を必要とするようになった領主あるいは土地所有者にとっては大きな悩みの種となった。国王および諸侯は、自分たちに完全にゆだねられている行政権――フランスではプレヴォ[*1]、バイイ、セネシャル[*2]など――を行使して、まず、自分たちの領地、続いて王国に対する支配権の拡大を利用し、貨幣で税収を得ようと臣民へ圧力をかけた。国王および諸侯はいまだ定期的な課税が出来なかったために間接税を徴収し、現物支払いの賦課租を貨幣支払いにかえた。これが国王および諸侯の権力が増大する基盤の一つとなったのである。このような政策は、フランドル伯爵領では一一八七年から、そしてフランス王国ではフィリップ二世（尊厳王）の治世に徹底的に進められた。行政および財務に関して独立を勝ち取った都市、特にオランダとイタリアの都市も同じような政策をとった。一般に、管轄領地を有する都市はその領地をうまく利用した。一二八〇年、トスカーナ地方のピストイア市は農民に市民の六倍も高い税金を課した。十二世紀最後の四半世紀から、貨幣と封建制度は両立し得ないわけではないことをはっきり示す制度が出現した。もっとも、それはゆっくりとしか発展しなかったが。領主たちは、一部の封臣に封を与えたが、これは土地でも軍役でもなく地代であり、貨幣知行あるいは貨幣の形での封と呼ばれた。このような慣習の先例は、はるか昔に見出せる。九九六年、ユトレヒトの教会は、騎士を封臣にする際、土地を与えるのではなく、毎年一二リーヴル分のドゥニエ銀貨による地代の支払いを約束した。貨幣知行はとりわけ十二世紀末からオランダで急速に広まった。

＊1　アンシャン・レジーム下の国王の地方行政官。財務、司法、行政を担当した。
＊2　中世における最高の地方行政官。十三世紀に国王領に併合された南部、西部の司法、軍事、行政にあたった。

経済、そして主に交易はこうした貨幣流通の増大の基盤となったが、中世において最も貨幣が費やされたのは、おそらく半ば恒常的に行われている活動、すなわち戦争だったと考えられる。戦争によって命を奪われる人の数は、これまで考えられてきたよりも少なかったことが既に明らかにされているが、それはまさに貨幣の重要性が増したために、敵を殺すよりも捕虜にして身代金を手に入れる方がより有益だとみなされるようになったからである――リチャード一世（獅子心王）が聖地から戻ってくる際に払った身代金、そしてエジプトでイスラム教徒の捕虜となった聖王ルイが払った身代金のことを思い出してみよう。いずれもきわめて高額であった――。その一方で、軍隊を準備し、必要な装備をさせるのにも巨額の出費がともなった。イングランド王ジョン失地王はブーヴィーヌの戦い（一二一四）には参加せず、代わりに同盟国に四万銀マルクを支払った。別の著作で述べたことであるが、ジョルジュ・デュビィが見事に示したように、騎馬試合、すなわち教会が禁止しようと腐心したにもかかわらず存続した騎士道の一大祝祭は、実際には、金が幅を利かせる今日のスポーツ大会にも匹敵する巨大市場であった。もう一つの出費の原因は、国王や諸侯の宮殿、そして都市の上流市民の間で贅沢品が急速に広まったことである。十三世紀末には、贅沢品（香辛料、洗練された料理、女性の着用するきわめて高価な衣類、とりわけ絹製品と毛皮製品、そしてトルヴァドゥール、トルヴェール〔北仏のオイル語での韻文作家〕、ミンストレル〔封建諸侯の宮廷に仕える詩人、音楽家〕への給与）への出費が増大したために、国王や諸侯、そして都市の中には、こうした行き過ぎを抑えるために奢侈取締令を出すものも現れた。一二九四年、フィリップ四世（端麗王）は、特に中産市民を対象とした「服飾華美に関する」王令を出した。かくして、市民は毛皮、金の装飾品、宝石、金銀の宝冠、そして男性については二千トゥール・リーヴル、女性については一六〇〇トゥール・リーヴルを超える式服を身につけることが出来なくなった。また十四世紀のトスカーナ地方では、市の条例によって婚礼の際の贅沢、例えば衣装、贈答品、饗宴、婚礼の行列にまつわる贅沢を厳しく禁じた(6)。一三六八年、シャルル五世は、あのプレーヌ*1を禁じたが、これはどうやらあまり成功しなかったらしい。

＊1　つま先がとがって反り返った靴。十二世紀中葉から十四世紀まで着用された。

先述の通り、十三世紀に建設されたアミアンの大聖堂に、二人のタイセイ売りの小さな彫像が飾られているというのは実に意義深い。というのもタイセイは、十三世紀、青く染めた衣服の需要が増加したのにともない、目覚ましい勢いで広まった染色用の植物だからである。聖域に、モードと奢侈と貨幣が誇示されているのだ！

第6章 貨幣と揺籃期の国家

スウェーデン・ゴットランド島のヴィスビー
のドイツ人教会（十三世紀）

長い十三世紀の絶頂期に貨幣が最も急速に躍進した主要な領域としては、修史官が国家と呼ぶものの建設が挙げられる。十三世紀から十四世紀にかけては、国家は完全に封建制から脱却してはいなかった。周知の通り、それが完全に実現するのはフランス革命期のことである。しかし、君主権力の確立、代表機関の出現、法律と行政の発達は国家形成の上で決定的な第一歩となった。国家は特に、十三世紀に貨幣が特に重要性を帯びた分野、すなわち税制という分野において誕生したのである。一般に諸侯と国王は、領主的賦課租の他、直轄の領地からの収入、貨幣鋳造という彼らに認められた至上の権利から得られる利潤、そして個々の租税といった利益を得ていた。

財政管理

こうした国家の中で、最も初期に形成され、最も支配的で、最も潤沢に貨幣を有していたのは教会という国家、すなわち教皇庁である。教皇庁は、教皇の直接の支配下にある領土と都市、すなわち、聖ペテロの世襲領と呼ばれた領土から収入を得ていた。教皇庁はまた、キリスト教圏全体から特別な一〇分の一税を得ていた。実際には、一〇分の一税は教皇庁自体の収入とはなっていなかったが、キリスト教圏全土で、聖職者の生活費をまかない、礼拝所を維持し、貧者を支援するのに使われていたのである。貨幣支出が全体に増加してくると、一〇分の一税はなかなか教会に支払われなくなっていった。したがって、教会は第四ラテラノ公会議（一二一五）で定められた教会法三二条において、一〇分の一税の支払いが義務であることを改めて強調した。また、この教会法によって、教会に支払うべき最小額も定められた。十三世紀に再編された教皇庁会計院は、教会を維持するさまざまな財源、すなわち、封建的サンス税、聖職禄授与権によって得られる収入、直接の受給者がいない場合に名義人なしの聖職禄から得られる収入を、教皇と教皇庁が自由に使用することを許した。

十一世紀末には、教皇庁はしばらくの間、当時きわめて強力であったクリュニー修道院に財務管理を任せていた。しかし十二世紀には、教皇はサンス税、収入、寄付の受領および送金といった業務をローマ教皇庁の財務管理のもとに置いた。教皇インノケンティウス三世（一一九八―一二一六）は、ラテラノで教皇の近くに居を構える枢機卿をこうした「会計院（カメラ）」の長とした。カメラリウス（カメルレンゴ）〔枢機卿団の財産管理をする枢機卿会会長〕は、教会のもとにある諸国家の土地財産の管理、教会の収益の受領、教皇庁の管理を請負った。ウィーン公会議（一三一一―一二）は、教皇が亡くなった時、枢機卿会は教皇座が空位の期間に務める新たなカメルレンゴを指名することが出来ると決定した。財務管理については、教皇は十三世紀から教会で業務に携わる外国の銀行業者に頼るようになり、彼らは「会計院の両替商（カンプソル・カメラエ）」という称号を得た。そして、教皇ウルバヌス四世（一二六一―六四）以降は、会計院御用達の商人（メルカトル・カメラエ）あるいは教皇御用達の商人（メルカトル・ドミニ・パペ）に頼るようになった。教皇グレゴリウス十世（一二七一―七六）は、教皇庁に自らの生まれ故郷ピアチェンツァの銀行員、スコッティ一族を連れて来た。十三世紀末に教皇庁で銀行業を請負った最大の業者は、モッツィ家、スピニ家、キアレンティ家であった。こうした銀行業者は、会計院のすべての支払いを請負っていた。ここでもまた、貨幣需要の増大にともない、教皇は新たな収入源を求めるようになった。十二世紀末に出現した煉獄が一二七四年、第二リヨン公会議で認められて以来、教皇の認める贖宥状から得られるようになった収入などはその例である。周知の通り、このような贖宥状からの収入は十六世紀にルターが主張したローマ・カトリック教会追放の論拠の一つとなった。教皇庁の財政、および税務制度は、後で確認するように、十四世紀、アヴィニョン捕囚時代の教皇によって整えられた。このように貨幣管理の発展が、教皇庁においてますます重視されるようになったため、一二四七年、聖王ルイは教皇庁が貨幣の神殿になり下がってしまったと手厳しく非難する手紙を教皇に書き送ったが、これは財務の進歩と同時に、教皇が向き合うこととなった批判を象徴的に表していると言えよう。

　十三世紀には、主要なキリスト教君主国において、次第に王室財務を専門に請負う行政機関が発達した。ここでもまた、最も早い例として挙げられるのがイングランド王室である。この王室は、ノルマンディー公国で生まれた先駆的制度をイングランドに移入し、洗練させた。かくして、早くも十二世紀に、いみじくも最初の「ヨーロッパの貨幣王」と称されるプランタジネット家のヘンリー二世（一一五四―八九）は、「財務府（エクスチェッカー）」と呼ばれる行政機関を設けたが、この名は、チェスボード（チェスは十二世紀の西洋では、東洋から輸入された新製品であった）の形をしたテーブルを利用したのに由来するものであった。この機関については、一一七九年頃、リチャード・フィッツニール[*1]がその著書『財務府についての対話』で詳しく説明している。財務府には、二つの部局があり、一つは金銭の受領や支払いを請負う部局、もう一つの部局は総額を管理する一種の会計院だった。財務府の長は財務官で、十四世紀末までは聖職者が務めた。財務官の下には四人の財務大臣と二人の会計補佐官がいた。会計は巻物に記され、この慣習はヘンリー二世以降続いた。ジャン＝フィリップ・ジュネによれば、この財務府は、「西洋の君主制によって創設された行政機関のうち最も初期のものであり、また最も洗練されたものの一つ」だとされる。

＊1　Richard FitzNeal (1130-98). イングランド王ヘンリー二世に仕えた官僚、ロンドン司教。

ヘンリー二世の国務評定官であったソールズベリのジョン[*1]は、その名高い政府論であり、かつ中世初の政治関連の大著である『ポリクラティクス』において、君主制における税制問題について論じている。彼にとって税制とは経済問題――そもそも当時はこのような考え方は存在しなかった――ではなく、正義の問題であった。国王は自分の利益のためにではなく、王国のすべての臣民の利益のために貨幣流通を保証し、管理しなければならない。重要なのは、政府の富ではなく、すべての臣民に利する良き政府なのである。君主制における税制は政治的倫理の問題であって、経済問題ではないのである。(1)

＊1　John of Salisbury (1115-80). イングランドの思想家、歴史家。シャルトル学派に属した。

十二世紀末以降における領主の貨幣政策のうち、もう一つの初期の例としては、錨十字のドゥニエとガンギャン・ドゥニエを中心に貨幣統一したブルターニュの例が挙げられよう。一一七四年にはカタルーニャとアラゴンで、一一七八年にはトゥールーズ伯爵領で似たような事例が認められた。

フランスの場合

フランス王が財務関連の行政機関を設置したのはそれほど早くはなかった。こうした機関が本格的に始動したのは十三世紀初頭、フィリップ二世（尊厳王）の治世のことであり、聖王ルイの時代に急速に発達した。宮廷の一部局が独立して会計院となったのは、ようやく十三世紀も末になってからのことである。会計院はフィリップ四世（端麗王）（一二八五―一三一四）

の治下に整えられ、フィリップ五世（長軀王）が一三二〇年のヴィヴィエ＝アン＝ブリの王令をもって最終的に確立した。会計院には主として二つの役割があった。収支を確認すること、領地の財政管理を行うことである。

王室の収入は主に王室領からのものだった。当時の表現によれば、王は「自分の領地で生計を立てていた」のである。十三世紀には別の財源が重要性を帯びてきた。つまり、国王の至上権の行使（王令、爵位勅令状）、国王裁判所、そして王室貨幣の鋳造から得られる税収である。こうした収入は拡大する君主制国家における需要の増大に応えるには不十分であったから、フィリップ四世（端麗王）は永続的な国王課税を定め、巨額の財政を準備しようとした。輸出、市場、そして在庫にかかる間接税――この税金はマルトート（「誤ってむしり取られる」の意）と呼ばれた――を確立しようという試みは、特に自宅での税務監査が行われることから、きわめて評判が悪く、最終的に失敗に終わった。そこで国王は獲得財産、収入、血族、かまど（かまど税）にかかる直接税を考案した。こうした試みはすべてうまくゆかず、中世国家は近代国家へ変貌するための資金をしっかりと、かつ十分に確立することができなかった。したがってフランス、そしてより広くキリスト教圏において、貨幣は君主制のアキレス腱となったのである。

十三世紀のフランス、特に聖王ルイ（一二二六―七〇）の治世のフランスは、貨幣の領域、すなわち王の諸活動への出資や特別貨幣の鋳造といった領域への中央権力の介入の好例となっている。というのも、国王は、貨幣鋳造や王政の財務機関に対して至上の権利、さらには王の独占権を要求したからである。この分野に聖王ルイが積極的に関わったのは主にその治世の末期、つまり一二六〇年代の末、貨幣に付与された新たな地位とそれにともなう問題がキリスト教圏で明確になった頃のことである。

聖王ルイは、王令によって働きかけることを決めたが、こうした法令の重要性だけでも、十三世紀の君主政において貨幣が第一の地位を占めていたのが分かるだろう。というのも、聖王ルイは一連の法令によってフランス国内での貨幣の鋳造と流通、そしてこの領域における国王の役割を大きく変えたからである。マルク・ブロックは、最も決定的だったのは二つの原則を定めた一二六二年の王令だとみなしている。つまり、国王の鋳造した貨幣は王国全体で通用するが、領主の鋳造した貨幣はその領地でしか通用しないという原則である。一二六五年の二つの王令が一二六二年の王令の内容をより明確化した。一二六六年七月の重要な王令は、パリ・ドゥニエの鋳造再開とトゥール・グロの創設を定めた。最後に、既に失われてしまったが一二六六年から一二七〇年の間に出されたある王令によってエキュ金貨が創設された。この金貨については後で触れることにしたい。

聖王ルイは一二六六年より以前から王国内の貨幣に関心を寄せていた。発行したのはトゥール・ドゥニエだけであったが、自ら鋳造した貨幣を王国内で優先的に流通させようとし、貨幣流通に関するその場しのぎの措置を定めた。以下が、エチエンヌ・フルニアルが作成した措置の一覧である。[2]

(1) 一二六三年、フィリップ二世(尊厳王)の死後(一二二三)鋳造されていなかったトゥール・ドゥニエとパリ・ドゥニエは、既に国王に対して負っている負債として流通させ、受け入れるべきものとなった。

(2) 一二六五年、この二つの貨幣の価値バランスは、パリ・ドゥニエ一枚に対してトゥール・ドゥニエ二枚と定められた。

(3) 貨幣の偽造が頻繁に行われたこの時代、国王は王室発行のドゥニエをまねて偽造されたドゥニエ、つまりポワチエやプロヴァンス、トゥールーズのドゥニエを禁じた。これは北部に定着したフランスの王室が、貨幣の領域においてはフランス南部にも支配力を及ぼしていたことを、ことのほかはっきり示す兆候である。

(4) 「人々はトゥール・ドゥニエおよびパリ・ドゥニエの量が不十分だと考えているため」、ナントのエキュ金貨、アンジェやル・マンの銀貨、そしてイングランドのスターリング銀貨の流通も一時的には認められたが、王国財務府によって定められた割合に限られており、それが守られない場合はまず罰金が課せられ、次に没収された。フランス南部の高級貴族が発行する貨幣およびイングランドの貨幣の禁止令は、王室貨幣を優先的に通用させようという意図のみならず、王立工房により多くのホワイトメタルを供給させたいという意図から生じたものでもあった。中世のほぼ全期間を通じて、キリスト教圏は、程度の差こそあれ鉱山が比較的早く枯渇し、またその数が不足していたために、主にホワイトメタル不足に起因するある種の貨幣不足の打撃を受けていたことを忘れてはならない。

一二六六年七月二十四日の王令によって定められた聖王ルイの貨幣改革については、完全な形での文書は残ってはいないものの、その主軸は以下のようになる。

(1) パリ・ドゥニエの鋳造再開

(2) トゥール・グロの創設

(3) エキュ金貨の創設

この最後の二つの措置からは、特にイタリアの主要な商業都市よりもやや遅れて、商業の拡大に対応すべく、フランスが価値の高い銀貨の創設と金貨鋳造の再開という十三世紀における二つの重要な貨幣措置を採用したことが分かる。そして、おそらくはトゥール・グロの鋳造が最も重要な措置であったと思われる。このような価値の高い銀貨は、といってもその価値は金貨に匹敵するほどではなかったが――金貨はあまりに価値が高く、西洋の大部分の地域において商業活動には不向きだった――、それでも、既に述べたいわゆる「十三世紀の商業革命」の枠組みにおけるフランスの商業拡大には十分に対応できた。このグロ銀貨の成功は、高級貴族に貨幣鋳造を禁じたことでさらに確固たるものとなった。その価値は、ほぼ一二トゥール・ドゥニエに相当した。周知の通り、聖王ルイの発行したグロ銀貨の天下は、十四世紀以来、フランス人の記憶の中でなかば伝説になっており（「聖王ルイ殿下のよき時代」）、後にこの銀貨は「二つの丸い o の入ったグロ銀貨」と呼ばれることになった。というのも、その銘に含まれる「ルドウィクス」lvdovicvs〔「ルイ」のラテン語読み〕と「トゥロヌス」tvronvs〔ラテン語で「トゥールの」の意〕に含まれる二つの o は他の文字より大きかったからである。聖王ルイのグロ銀貨は、長期にわたって他のグロ銀貨よりも高く評価され、十三世紀末から十四世紀にかけての貨幣変動にも耐えた。これに対して、エキュ金貨はおそらく登場したのが早すぎたために、失敗に終わった。

聖王ルイは王国財務府の管理については改革を行わず、十二世紀に出現した王国財務官と、ルイ七世によって設けられたポストで財務官と呼ばれた両替係に頼り、特にルイ七世によって定められたことを維持した。つまり引き続き、王国財務府をパリのテンプル騎士団の会堂にゆだねたのである。ここから、中世半ば、現代で言う国家元首の会計について財務管理を請負った大修道会の役割が分かるだろう。十二世紀初頭以来、教皇庁の収入と財務部の管理を請負ったクリュニー修道会、そして十二世紀中葉から一二九五年までフランス王政に対してテンプル騎士団が果たした役割はその例である。ちなみに、一二九五年、財務府はテンプル騎士団から引き上げられて、ルーヴル宮に置かれ、最終的には十四世紀初頭に再建されたシテ島の宮殿に設置された。

そして、王国のバイイ裁判所管区と呼ばれる管区の一つにおいて財政問題を引き受けた人物が、バイイであった。バイイが徴収を請負ったのは移転税、宿泊権[*1]、都市に課せられる現物による賦課租、「レガル」〔「国王に当然属するとみられた権利」の意〕と呼ばれた国王課税、国王印璽の押された書類にかかる印璽税、ユダヤ人への賦課租、そして森林からの収入――一二八七年に水域と森林の個別管理が定められるまでであるが――であった。一二三八年以降、バイイが王室金庫から出した支出は、貨幣知行と施し――バイイ所管区への税徴収に対して国王が与えた年金――と、建設事業――国王が所有する城館、邸宅、諸施設、穀物倉、牢獄、水車小屋、道路、橋の建設および修復作業――に関わるものであった。王室の資産、とりわけ君主の収入の中でも固有の財源である王室領の資産を推定した最古の資料は、一二二二年、ローザンヌの教会の司教座聖堂参事会主席が残した文書で、それによると、フィリップ二世（尊厳王）がその父ルイ七世から遺産相続した際の資産は、月収で一万九〇〇〇リーヴル、すなわち年二二万八〇〇〇リーヴルであり、彼自身、その息子のルイ八世に一日一二〇〇パリ・リーヴル、すなわち年四三万八〇〇〇パリ・リーヴルの収入に相当する資産を残した。こうした収入によって王室は十三世紀初頭のフランス王国において、教会に次いで最も多くの富を誇る組織となった。十三世紀を通して、フランス王は市場や大市で販売される商品に対してかけられる「市場税（トンリュー）」と呼ばれる税を徴収していた。王はまた、旅人、彼らがもたらす商品、乗り物、駄獣・輓獣に課せられるおびただしい種類の通行税も徴収していた。通行税は道路や港の入り口、橋や河川上で支払いを求められていた。こうした業務を行うための税は、現物あるいは貨幣で支払われた。つまり、「オーバン税」である。貨幣は地金を溶解したり、使い古された貨幣を再び溶かしたりして造られていたが、これについては、国王は貨幣鋳造権にかかる税を徴収し、さらには、基準となるサイズや重量の使用権に対しても課税、徴収していた。王は自ら非定住者や非嫡出子の財産を相続し、ユダヤ人の高利貸しから徴税した。「森林」と名付けられた国王領の主要部分について、国王は木材の伐採、漁業、ダムや水車小屋の建設に多額の税金をかけた。金が不足した時には、とりわけ都市に公債貸し付けを強要出来た。王宮の支出は大部分印璽税でまかなえた。このように、国王は一方では土地所有者としての、もう一方では君主としての収入を得ていたのである。現金で支払う納税者、王国財務府の会計係は会計帳簿と現金のバランスを正確に把握しておく必要があった。したがって、彼らは会計帳簿およびその下位区分と貨幣とのバランスの日々の変動を示すパリ銀貨、あるいはトゥール銀貨による査定表（「見積り（アヴァリュマン）」）を目の前に置いておかねばならなかった。既に確認した通り、王室会計の監査はようやく十四世紀初頭、宮内財務部の設立——一三二〇年、会計法院に改組——とともに始まった。十三世紀には、国王官吏および徴税請負人は、財務府に資金をもたらし、一年に三回、すなわちまずサン＝レミの日〔十月一日〕——後に、万聖節〔十一月一日〕となった——、次に主の奉献の日〔二月二日〕、最後に主の昇天の日〔復活祭から四〇日目〕か、あるいはむしろ以上三つの祝日を初日とする八日間の祝祭期間中に会計を証明しなければならなかった。

＊1　領主制的賦課租の一つ。領内を訪れる領主に対して、住民が食事と宿を提供した。

こうしてカペー朝の君主はかなり早い時期に財政、特にその会計システムを整えたが、王室会計については、ことに古い時代についてはほとんど残っておらず、わずかに一二〇二年から一二〇三年にかけての台帳が三冊残るのみである。この台帳を刊行したフェルディナン・ロットとロベール・フォーティエは、君主制最初の予算と称している[3]。これによると、王国の収入は一九万七〇四二リーヴル一二スー、支出は九万五四四五リーヴルだったようである。聖王ルイは一二四〇年、マコネ山地を獲得して王室領を拡大し、領地収入の四分の一を占める森林を入念に整備し、出来るだけ厳密にこうした収入会計を作成した。現在、一二三四年、一二三八年、一二四八年の会計が残っているが、そのうち、一二四八年の主の昇天日にプレヴォとバイイが作成した会計は、その提示方法がとりわけ優れているとみなされ、長い間模範として用いられた。したがって、聖王ルイの治世は、「貨幣は特権的手段として、統一の要因として、そして財源として、近代国家の誕生に寄与した」というマルク・ボンペールの指摘を具現化した時代と言えるのである。ボンペールはまた、こうした政治的側面のみならず、経済の「貨幣化」によって貨幣流通が促進され、その重要性が増したと指摘している。一方、ブラジルの歴史家ジョアン・ベルナルドは[4]、その大著において、ヨーロッパの長い十三世紀には、貨幣流通はとりわけ血族から成る個人的な領主制から人工的かつ非個人的な国家一族への移行と関連づけられるとみなしている。つまり、貨幣は社会変化の決定的要因だったというのである。

　こうした考察からはるか昔、聖王ルイは当時のキリスト教徒と同様、まず自らの救済を、次いで王として臣民の救済を気にかけていた。王国に強い貨幣を備えようという国王の努力は主に、交易にも正義が支配するようにという彼の思いに由来するものであった。聖王はおそらくセビリアのイシドールスによる貨幣の定義を知っており、それを心に留めていたのであろう。つまり金属素材と重量に関するあらゆる不正を監視していたという理由で、「貨幣（モネタ）」は「注意する（モネレ）」という語に由来するという定義である。これは「悪」貨、「偽（ファルサ）」金あるいは「変造（デフラウダタ）」貨幣に対する闘い、そして、「良」貨、すなわち「健全かつ合法の」貨幣鋳造への努力なのである。手元に届く貨幣量が増大したおかげで、国王は、後で見るように、十三世紀のキリスト教においてますます重要な位置を占めていた欲望の一つ、すなわち愛徳＝施しを満たすことができたのである。国王は最も多くの施しをした人物であり、その施しの一部は現物で与えられたが、それ以外は貨幣で与えられた。これもまた、十三世紀における貨幣流通の増大が認められたもう一つの領域なのである。

独自性あふれる組織、ハンザ同盟

国家ではなかったものの、十二世紀からキリスト教において、そして経済、社会、政治面において絶大な力を持ち、十三世紀の商業革命にキリスト教圏の北部および北東部を組み込んだ組織がある。すなわち、ハンザ同盟である。ハンザ同盟は、一一五八年、西洋から東方への出入り口となっているリューベック市が創設されたのと同時に組織された。すぐさまこの町はハンザ同盟の主導的地位を占め、その座を維持し続けた。ハンザ同盟はこの地域の主要商業都市の商人組合から成り、ここで商人たちはその活動範囲を広げ、フランドル人と一部のドイツ人の商人、とりわけその数が多く、活動的であったケルンの商人たちに取って代わった。というのも、最初のドイツの商人組合は十二世紀、スウェーデンのゴットランド島で形成されていたからである。その中心都市ヴィスビーはドイツの商人組合とスカンディナヴィアの商人組合が緊密な協力関係を保ちながら共存する二重都市だった。ヴィスビーはリューベックと競合関係にあり、十三世紀にはロシアで取引をするドイツ人の管理と保護を引き受ける傾向にあった。

ドイツ人は毎年、ヴィスビーでノヴゴロドに設けられた事業所の会計を準備した。しかし、十二世紀末にはリューベックは他のドイツの都市に対して同様、ヴィスビーに対しても優位に立ったのである。

ハンザ同盟については、ハンブルク、リューベック、リガといったさまざまな都市の債権書のおかげで、十三世紀から数値的資料が残っている。イングランドの中で、数値的資料の残っている唯一の地区では、ハンザ同盟の貢献はそれほど大きくなかった。ハンザ同盟加盟都市は、債務整理の際、同盟相手には有利な制度を課すことができたが、これは十三世紀の大規模な交易において、信用取引が拡大していたことを示すものである。加盟国はまた、難破の危機にある船の水夫や商人の救助活動に対して報酬を得ていた。しかし何よりも、同盟国は大幅な関税減免を受けていた。つまり、支払うべき税が細かく決められ、増額されることもなければ、他の税が新たに定められることもないという保証を得ていたのである。一二五二年、フランドル女伯爵がハンザ同盟加盟都市に定めた税がその例である。信用取引の慣習は、たいていの場合、こうした金銭関係の分野では進んでいたイタリア人のやり方をまねたもので、十三世紀のハンザ同盟圏に広く広まった。この慣習は規制を受け、十三世紀末には、諸都市は債務台帳を導入して、取引を公式に保証した。しかしながら、ハンザ同盟加盟国の活動による貨幣流通の増加量は、交易の行われた地域の東部では限られていた。物々交換やいわゆる「毛皮の貨幣」つまり支払いのための単位に数えられていたテンの毛皮が根強く残っていたためである。金属製の貨幣の導入は、プスコフやノヴゴロドでは失敗に終わり、十三世紀末にはすべての信用取引での売買が禁じられた。貨幣については、ハンザ同盟は成功と失敗の両方を経験した。成功としては、司教が貨幣鋳造権を保持していたヴェストファーレン地方とザクセン地方の一部の都市をのぞいて、同盟都市がかなり早い時期に貨幣鋳造権を獲得したことが挙げられ、失敗としては、広大なハンザ同盟圏で使用される貨幣の種類を減らせなかったため、円滑な交易の障害となり、また両替にかかる余分な経費が生じたことが挙げられる。東では、リューベック・マルク、ポモージェ・マルク、プロイセン・マルク、リガ・マルク、ブランデンブルク・ターレル銀貨、西では、ライン・フローリン金貨があった。最も流布していた会計貨幣は、リューベック・マルクとフランドル・グロ・リーヴル、次いでイングランド・スターリング・リーヴルであった。ハンザ同盟都市は銀貨とのつながりが強かったので、十三世紀後半から同盟圏内で金貨が広まるのを妨げようとした。このように、ハンザ同盟の例は、中世において貨幣がどのように時として独創的な経済・政治体創設の引き金となり、またそれと付随して生じたのかをよく示しているのである。

第7章 貸付、債務、高利貸し

ジョットによる「最後の審判」の場面に描かれたエンリコ・デッリ・スクロヴェーニ（十四世紀。スクロヴェーニ礼拝堂のフレスコ画）

十二世紀以降、ほとんどの西洋人がより多くの貨幣を必要とするようになったため、流通貨幣量が大幅に減少すると同時に中世の人々の貨幣流動資産が不足する事態が生じた。おそらく最も大きい債務の一つは、農民の債務だったと考えられる。というのも、農産物――一般的に、低価格であった――の販売はその地域、あるいは地方の市場に限られており、ほとんど貨幣をもたらしはしなかったからだ。その間に、タイセイ、アサ、工具といった「手工業」文化が発達し、そこから鍛冶屋の重要性が増した。そして、十三世紀に名字が出現した際、フランス語ではファーヴル、フェーヴル、ルフェーヴル、英語ではスミス、ドイツ語ではシュミットあるいはシュミッド〔いずれも「鍛冶屋」を意味する〕、さらに今日では地方語となった言葉、例えばブルトン語では、ケルト語で鍛冶屋を意味するル＝ゴフという名字が数多く現れたのである。

ユダヤ教徒とキリスト教徒の間での利息付き消費貸借

詳細な検討が困難な農民の債務についてはこの程度にとどめよう。そして、例えばピレネー山脈東部では、多くの農民にとっての債権者はユダヤ人の金貸しであったことを指摘しておきたい。実際、貨幣需要の増大によって、ユダヤ人は財をなした。もっとも、その額はうわさされるよりもはるかにつつましいものだったが。というのも、十三世紀までは当時の限られた需要の枠組みの中では、金貸しはまず修道院であり、次いで、貨幣の使用が都市に広まった時にはじめて、ユダヤ人は金貸しとして重要な役割を果たすようになったのである。なぜなら、本書の冒頭に引用した聖書および旧約聖書によれば、ともかく理論上は、利息つき消費貸借はキリスト教徒の間、そしてユダヤ教徒の間では禁じられていたが、ユダヤ教徒とキリスト教徒の間では許されており、農業を行わないユダヤ人は、医業など一部の都市の職業に収入源を見出し、財産を持たない都市のキリスト教徒への貸し付けによりその財源を増やすことが出来たからである。本論考でユダヤ人について論じることが少ないのは、ヨーロッパで貨幣流通が最も盛んであった地域では、かなり早い時期、つまり十二世紀、そしてとりわけ十三世紀にはユダヤ教徒がキリスト教徒に取って代わられ、ヨーロッパの中心部から――一二九〇年にはイングランドから、一三〇六年にはフランスから、そして一三九四年には最終的に――放逐されてしまったからである。このことから、蓄財家としてのユダヤ人のイメージは、確かに非専業のユダヤ人の金貸しがいたとはいえ、現実に即したものというより、むしろ十九世紀の反ユダヤ主義を予示する空想の産物であると分かるだろう(1)。

当然のことながら、貸付けには債務者による利息の支払いがともなった。しかるに教会はキリスト教徒の債権者がキリスト教徒の債務者から利息を徴収することを禁じていた。最も頻繁に引き合いに出されたのは、「見返りを期待せずに貸しなさい」(『ルカによる福音書』第六章、三五節）、「お金であれ、食糧であれ、利息が求められるようなものは何であれ、兄弟には利息付きで貸してはならない」（『レヴィ記』第二五章、三六節）そして「よそ者には利息付きで貸してもよいが、兄弟には利息なしで貸しなさい」（『申命記』第二三章、二〇節）という文言であった。十二世紀、教会法の基礎となったグラティアヌスの教令には、「資本以上に要求されるものは高利である」とはっきり記されている。

教会法典は、十三世紀における教会の高利貸しに対する態度を最もよく表している。つまり、高利とは、融資と引き換えに、融資された財産以上に要求されるものすべてを指す。高利を取るのは新旧約聖書において禁じられた罪である。財産以上の見返りを望むだけでも罪である。高利はその本来の所有者にすべて返されるべきである。信用貸付による売買のために引き上げられた価格は、暗に要求される高利である、というのである。

こうした教説から生じた主な結果は以下の通りである。

（1）高利貸付は金銭欲（物欲（アウァリティア））という致命的な罪に属するものである。「物欲」のもう一つの罪は、聖職売買と呼ばれる霊的財産のやり取りであるが、これは十一世紀末および十二世紀に行われたグレゴリウス改革以降、大幅に衰退した。

（2）高利貸付は窃盗である。神だけに許された時間の窃盗である。というのも、高利は融資とその払い戻しの間に流れた時間の代金を支払わせるものだからである。そのため、新たなタイプの時間、すなわち高利の時間が誕生することとなった。そしてこの点こそ、貨幣は、ジャン・イバネスが示した通り[2]、さまざまな時間が流れた中世における時間の概念および実践を大きく変えた、と強調すべきところなのである。ここでもまた貨幣流通量の増大が中世における生活、道徳、宗教の主要構造をどれほど変えたかが分かる。

（3）高利貸付は正義に対する罪である。この点は特に聖トマス・アクィナスが強調している[3]。しかし、十三世紀は、優れて正義の時代だった、というのもフランス王聖王ルイが人として、王として、その行動で示した通り、正義は国王の卓越した美徳だったからである。

呪われた高利貸し

十三世紀には、貨幣の悪魔的性質に、偉大なスコラ学派の著述家がアリストテレス――彼自体、十三世紀の知的大発見であった――から借用した新たな要素が加えられた。聖トマスはアリストテレスにならって「貨幣は卑賤の者を生み出さない」と主張した。したがって、スコラ神学者から見れば、自然は神の産物となった以上、高利貸付はまた自然に対する罪だったのである。

それでは高利貸しの避けがたい運命とはいかなるものであったのか。首にかかった貨幣でいっぱいの財布が高利貸しを地獄へと導いている彫刻に示されるように、高利貸しには救済など一切なかった。それは地獄の生け贄だったのである。五世紀に既に大教皇レオ一世が述べていたように、「高利貸付による貨幣収入は魂の死」だったのである。一一七九年、第三ラテラノ公会議では、キリスト教都市では高利貸しはよそ者であり、キリスト教の墓所は彼らに与えてはならないと宣言された。

高利貸しとは死に等しかった。

高利貸しの恐ろしい死について語った文献は十三世紀には数多くあった。例えば、当時の無名の草稿には以下のように述べられている。「高利貸しは自然に反している。なぜなら、馬から馬、ラバからラバを生み出そうとするように金から金を生み出そうとするからだ。しかも、高利貸しは盗人である。なぜなら、自分のものではない時間を売るからであり、また所有者の意に反して他の人の財産を売るのは、盗みだからである。おまけに、彼らが売るのは金を待つこと、つまり時間以外の何ものでもない。彼らは昼と夜とを売っているのだ。しかるに、昼は光の差す時間、夜は休息の時間だ。したがって、彼らがいつも光を浴びたり、休息したりするのは不当である(4)」。

同じ頃、また別の職業カテゴリーが似たような発展を遂げた。それは、「新しい知識人」であり、修道院および大聖堂所属の学校の外で学生たちに教え、「カンパ」の形で報酬を得ていた人々である。こうした人々、中でも聖ベルナールは、「言葉の商人」として手厳しく非難された。というのも、時間と同様、神のみが所有する学問を売っていたからである。十三世紀には、こうした知識人は大学としてまとまり、高い給与システムで必要な生活費のみならず、質の高い生活を保証されていた――もっとも貧しい大学人もいたが――。ともかく、こうした新しい知識人の新たな言葉は、ある意味で、伝統的なものも新しいものも含めて、あらゆる人間の活動に忍び込む金と結びつけられたのである。

十三世紀初頭に贖罪司祭が執筆した最も古い大全の一つ、チョバムのトマス[*1]――パリ大学で教育を受けたイングランド人――の大全には、次のような記述がある。「高利貸しは全く仕事をせず、眠っている時にさえ利益を得ようとする。これは神の次のような教えに反することだ。『額に汗して、パンを得るべし』(『創世記』第三章、一九節)」。ここに十三世紀の経済的繁栄に大いに貢献し、かつ貨幣の増加と密接な関係を持つ新たな問題が現れる。すなわち、労働の評価という問題である。

＊1　Thomas of Chobham (1160?-1233/36). イングランドの神学者。

十三世紀の大半を通じて、高利貸しにとって地獄から逃れる唯一の方法は、利息の徴収、つまり高利から得た財を払い戻すことであった。最良の払い戻し方法は、高利貸しが死ぬ前に行うものであるが、遺言に払い戻しについて記せば、「死後」でも救われた。この場合には、高利貸しの責任と地獄堕ちの危険は相続人および遺言執行者に引き継がれた。以下は、十三世紀末の『前例集』に語られている物語である。

ある高利貸しが亡くなる前、遺言によってすべての財産の三人の遺言執行者に遺贈し、すべて払い戻してくれるようにと懇願した。高利貸しは彼らにこの世で最も恐れているものは何かと尋ねた。最初の者は「貧困」と答えた。次の者は「レプラ〔ハンセン病〕」と答えた。第三の者は「聖アントニウスの火」(壊疽性エルゴチン中毒)[*1]と答えた。(中略)しかし高利貸しの死後、貪欲な受遺者たちは彼のすべての財産を自分たちのものにしてしまった。ほどなくして、故人が呪いによって呼び寄せたもの、すなわち貧困とレプラと聖アントニウスの火が三人を苦しめることとなった。

*1　中世に流行し、聖アントニウス会の修道士が優れた治療を行ったので、このような呼び名がつけられた。

中世に高利貸しが払い戻した実際の金額に関する資料は、ごくわずかしか残っていない。一部の歴史家は、キリスト教がこの時代の人々には全面的な影響力を持っていなかったと考え、払い戻し額はごく限られていたとみなしている。しかし筆者は反対に、一部の教会関係者が、払い戻しを指南するため『払い戻しについて』という標題の論考を執筆していることからすると、十三世紀に教会が人々に与えた影響力、および地獄への恐怖によって、払い戻しが行われたケースはかなりあったのではないかと考えている。
ともかく、払い戻しという行為は、中世には最も遂行困難なものとみなされていた。この点については、ジョアンヴィルが書き残している聖王ルイの宣言の中に、意外な証言がある。

王は他人の財産を奪うのはよくないことだと言っていた。なぜなら、返すのはきわめて難しいので、返す rendre という言葉を発音すると、この語はそこに含まれる二つの r の音、他人の財産を返したがっている人々をいつも背後に引きずっている悪魔の熊手を意味する二つの r の音でのどをひっかくからだというのである。しかも、悪魔は実に巧みに行っていた。というのも、悪魔は大高利貸しや大泥棒を刺激して、彼らが後に返さなくてはならなくなるような財を与えるからである。

十三世紀の教会は高利貸しを地獄へと導くだけでは満足せず、指で指し示して人々の軽蔑と非難の的にした。十三世紀初頭の有名な説教師、ジャック・ド・ヴィトリ[*1]は次のように語っている。

＊1　Jacques de Vitry（1160/70-1240）. 神学者、歴史家。

ある説教師は、高利貸しの職は恥ずべきものなので、誰も高利貸しだと打ち明けるものはいないと皆に教えようとして、説教の中で次のように言った。「あなたがたの職業に合った解決法を教えましょう。鍛冶屋はお立ちなさい！」すると鍛冶屋は起立した。彼らを赦免すると、説教師はこう言った。「毛皮職人はお立ちなさい！」すると毛皮職人は起立した。このように順にさまざまな職人に呼びかけると、その職人たちは起立した。最後に説教師は叫んだ。「高利貸しは赦免のためにお立ちなさい！」高利貸しは他の職人たちよりも数が多かったが、羞恥心から隠れていた。嘲笑とからかいの的となりながら、高利貸したちはすっかり狼狽してすごすご引き下がった。

ミシェル・パストゥローが示した通り、中世には〔人々の心性の中で〕象徴が支配的な地位を占めており、動物が悪のモデルを豊かに提供していたのであるが、高利貸しは強奪者のライオン、裏切り者のキツネ、盗人であり貪欲なオオカミに例えられた。中世の説教者や著述家たちは、比喩を展開しながら、高利貸しを示すのに、たいていの場合は、死に際に毛皮を奪われる動物の表象を用いた。というのも、毛皮は高利貸しが盗んだ財産を表していたからである。高利貸しを象徴で表す時に最もよく用いられたのはクモであり、中世の想像力はこの比喩を用いてその相続人とともに不名誉に生きるという高利貸しの習慣を詳述した。以下は、ジャック・ド・ヴィトリが描く高利貸し＝クモの葬儀の場面である。

ある騎士から、高利貸しのなきがらを埋葬しようとしている修道士の一団に出会った時の話を聞いたことがある。騎士は修道士たちに言った。「クモのなきがらを預けるから、その魂を弔ってほしい。ただし、クモの巣、つまりクモのお金はみな、私が欲しい」。高利貸しを、羽虫を捕まえるのに糸を吐き、自分自身のみならず子孫をも金銭欲の火の中に引きずり込みながら悪魔の生け贄にするクモに例えているのはもっともなことである。(中略）このようなプロセスは高利貸しの相続人とともに続いた。実際、一部の高利貸しが子供の生まれる前から高利で増やしてゆくようにと子供に金を与えたために、その子供は、多くの財産を所有しながらも、エサウのように毛むくじゃらで生まれることもあった。この子供たちは死に際にまたその子供たちに金を残し、こうして彼らは再び神への新たな戦いを始めるのであった。

ジョルジュ・デュメジルが明らかにした通り、中世の教会は、社会を三つの人間のカテゴリーに分類した。祈る人々、戦う人々、労働する人々である。これにジャック・ド・ヴィトリは第四のカテゴリーを加えている。

悪魔は四つ目の人間のカテゴリーを定めた。高利貸しである。高利貸しは人間の仕事に加わることはないし、人間とともに罰せられることはない。悪魔とともに罰せられるのである。というのも高利貸しが高利貸付によって受け取る金の量は、彼らを火にかけるために地獄に運ばれる木材の量に対応しているからだ。

神は死を待たずして高利貸しを悪魔と地獄にゆだねることもあった。説教師は、多くの高利貸しは死が近づくと言葉を失い、告解が出来なくなると説いた。さらにひどいことに、多くの高利貸しは突然死ぬとされたが、これは中世のキリスト教徒にとっては最もひどい死に方であった。というのも、このような突然の死は、高利貸しに罪を告白する時間を与えないからである。

リヨンのドミニコ会修道院の修道士、エチエンヌ・ド・ブールボン〔Étienne de Bourbon（1180-1261）〕は十三世紀中葉、ある三面記事的事件について語っているが、これは巷に広まって大変な人気を得たようである。以下がその物語である。

一二四〇年頃、ある高利貸しがディジョンで派手に結婚式を祝おうとしたことがあった。彼は音楽に合わせ、教区内の聖母マリアの教会へと向かった。教会の玄関で止まり、教会内でのミサその他の儀式によって結婚が成立するに先立ち、婚約者が承諾の言葉を述べ、慣習に従って結婚がお決まりの言葉で承認されるのを待っていた。婚約者たちが喜びに満ちあふれて教会に足を踏み入れようとした時、玄関の上にあった悪魔によって地獄に導かれる高利貸しを表した石像が、石で出来たその財布とともに、今まさに結婚しようとしている高利貸しの頭の上に落ちてきて、その頭を直撃し、その命を奪ってしまった。結婚式は葬式に、喜びは悲しみに変わった。[5]

これは、中世が図像、とりわけ彫刻にきわめて積極的な役割を与えていたことを示すきわめて驚くべき事例である。芸術は貨幣の悪用に対する戦いという軍役に就いていたのである。中世の正真正銘の「スリラー」文学は高利貸しの物語とその死に関するものであった。高利貸しの金は、この時代の最も致命的な武器の一つであった。その最たるものは、エチエンヌ・ド・ブールボンが語る以下の物語である。

ある重病人の高利貸しの話を聞いたことがある。この高利貸しは、いっさい払い戻すことを望まなかったが、麦でいっぱいの穀物倉から穀物を貧者に分け与えるように命じた。しかし、奉公人が小麦を集めようとしたところ、小麦は蛇に変わってしまっていた。それを知ると、後悔した高利貸しはすべてを払い戻し、自分の遺体は裸にして蛇たちの最中に置き、体が蛇に貪られて、魂が天上に召されないようにしてほしいと命じた。そしてそのようにされた。蛇はそのなきがらを貪り食い、そこには白骨しか残されなかった。一部の人々の話では、任務が終わると蛇はそこから姿を消し、日の下にはむき出しの白骨しか残らなかったということである。

利子付き貸借の正当化の進展

高利貸しのもととなっている利子付き貸借が十三世紀に、そしてとりわけ十四、十五世紀に、少しずつ一定の条件下で名誉回復していった様子を以下に示してゆきたい。このような名誉回復は、良きキリスト教徒であり続けたいという高利貸しの願いによって、さらには、人生と社会の捉え方に、歴史の発展によってもたらされた革新——その第一のものが貨幣流通である——が求めていると思われる修正をほどこすことで、極悪人をも救いたいという一部の教会の願いによって、正当化されたのである。十三世紀のキリスト教圏——既に明らかにした通り、「天上の価値観が地上へ降りてきた」[6]時期――において人間および社会が従っていた根本的価値観は、これ以降、貨幣が使用されるようになった社会の中で、変容を遂げたのが確認される。十三世紀を通して重要とみなされていた価値観の第一のものは、正義であった。しかしそれ以上に、「カリタス」、すなわち愛徳があった。貨幣の普及と、むしろ贈与の経済を参照するよう促す「カリタス」の要求とは、どのように折り合いがつけられるのかという点については、名著『贈与論――交易の旧式形態』(一九三二―三四)の著者、マルセル・モースの考え方とは異なった視点から、後で確認することにしたい。これに加えて、労働の価値判断の影響が認められた。というのも、特に賃金制が重要性を帯びてきたせいで、貨幣の使用と普及に新たな局面が導入されることとなったからである。ここでは、高利貸しが絶対に地獄堕ちを運命づけられるという事態を避けるため、中世社会、とりわけローマ・カトリック教会が用いた最初の手段と思われるものを指摘するにとどめたい。

筆者は既に何年か前、あらゆるキリスト教徒の主要な関心事であった来世に関し、十二世紀後半の西洋で、中間の来世、すなわち煉獄が生まれたプロセスについて論じた[7]。死ぬ時までに犯した罪の数と重さに応じた期間、キリスト教徒はこの煉獄において堪え難い拷問をいくつか受けることになるが、永遠の地獄堕ちからは逃れられる。こうして、煉獄で十分に罪の償いが出来るようになると、あるいは後の時代、最後の審判によって永遠に天国に召されるか地獄に堕ちるかのいずれかに定められることがなくなると、取り返しのつかない罪を犯したわけではない一部の高利貸しは、地獄堕ちを逃れ、ジャック・ド・ヴィトリが語る他の職人と同様、天国に受け入れられたのである。煉獄による最初の高利貸しの救済は、ドイツのシトー会修道士、ハイステルバッハのカエサリウス〔Caesarius von Heisterbach（1180?-1240?）〕が一二二〇年頃執筆した論考、『奇跡をめぐる対話』に認められる。ここで彼はリエージュのある高利貸しについて語っている。

最近、リエージュのある高利貸しが亡くなった。司教は高利貸しを墓地から追い払った。妻は教皇のもとにおもむき、夫を聖なる地に埋葬してくれるように懇願した。教皇は拒んだ。そこで彼女は夫を弁護した。「教皇様、男と女は一つであり、聖パウロによると、不実な夫も忠実な妻によって救われうるとされます。夫がし残したことを、彼の体の一部である私が喜んで代わりにいたしましょう。夫の代わりに隠遁生活をし、夫の罪を償いましょう」。枢機卿の懇願に負けて、教皇は故人を墓地に埋葬した。妻は夫の墓の近くに住居を選び、そこに隠遁し、施し、断食、祈り、徹夜禱などで夫の魂の救済のため昼も夜も神を鎮めようと努めた。七年の後に、黒い服に身を包んだ夫が現れて、彼女に感謝の念を伝えた。「神の祝福あれ。お前の耐えた試練のおかげで、私は地獄の底、そしてこの上なく恐ろしい罰から逃れられたのだから。もしお前がさらに七年、このように神に奉仕してくれるなら、私は完全に解放されることだろう」。妻はそのようにした。夫は七年後に再び現れたが、このときには白い服に身を包み、幸せそうであった。「神とお前に感謝したい。今日私は解放されたのだから」。

カエサリウスは続けて、リエージュの高利貸しが死後、妻による彼の魂の解放までの間にとどまっていた中間の居場所は煉獄だったと説明している。これが新たに出現した煉獄によって救われた高利貸しについての最古の証言である。もちろん、煉獄は高利貸しを地獄から救うためのものではなかった。しかしそれでもなお、来世についてははるかに広く捉える新しい考え方によれば、リエージュの高利貸しの話は煉獄と金を関連づけるものだと言える。これ以降、ニコル・ベリウが述べるように、キリスト教圏において、儲け主義は「悪徳と美徳の間」[8]に位置づけられるようになったと言えるのである。

無論、煉獄は、十三世紀以降の時代において、高利貸しを地獄から救う主要な手段というわけではなかった。中世の教会が、高利、あるいは高利貸しと呼ばれるものを可能にした諸状況を特定するような変化が十三世紀にゆっくりと始まり、十五世紀まで続いたのである。当時、高利とは利息付き貸借、特に融資された金に対する利息の徴収を指していたことを思い出したい。しかるに、既に述べたような貨幣流通および貨幣使用の急増にともなって、十三世紀、事実上西洋のすべての社会階級に借金が広まったのである。既に述べた通り、この借金は特に農民の間に広まった。それまではごくわずかの貨幣しか使用、所持しなかった農民が、マルク・ブロックによって封建制の第二段階と称される時期に、特に多くの現物賦課租が貨幣による賦課租に変わったため、貨幣の所持を余儀なくされたのである。一部の地方では、とりわけ農村でユダヤ教徒の融資者が増加し、次第にキリスト教徒の融資者に取って代わられるというようなこともあった。しかし一般的には、農村の融資者は都市に住むキリスト教徒の融資者か、裕福なキリスト教徒の農民だった。裕福な農民たちは収入を増やす手段として貧しい農民、あるいは負債を抱えた農民に融資した。その結果、富裕な農民階級の安定が保証されたのである。

概して、教会および君主の規制、そして貨幣使用を断罪する精神性は、商人に関する規制と精神性の変化と連動していた。というのも、十一世紀から、そしてとりわけ「神の平和」[*1]あるいは「君主の平和」の行使によって、商人は、こうした体制を正当化する役目を担わされていた教会と領主に保護されていたからである。これには主に、二つの論拠が押し出された。一つは、有用性である。中世のキリスト教は、有用性と善、いや、有用性と美すら区別していなかった。ことに都市部において中世の人々が求める生活の糧、および生活必需品が増加したため、十二世紀以降、次第に農民の労働がその有用性によって正当化されるようになった。農民の労働によってキリスト教徒全体、あるいは一部のキリスト教徒に、彼らが必要な、あるいは彼らが欲しがる産物がもたらされたからである。こうした必需品の中で最も重要なのは、おそらく西洋人の主食、パンの原材料となる穀物であるが、海塩および岩塩も忘れてはならない。そして人々が欲しがるものとしては、当時、最も人気の高かった産物、すなわち香辛料、毛皮、絹が挙げられる。

＊1　中世において、貴族の私戦から女性、子供、聖職者、農民、商人など特定の人や教会財産、収穫物、水車、役畜など特定のものを保護する目的を持った運動。

労働とリスク

商人の利益を正当化する第二の論拠は、労働の報酬であった。中世初期、キリスト教は長らくの間、労働を原罪の結果として軽視していた。三要素から成る図式が定める第三の人間カテゴリー、「労働者（ラボラトレス）」は、主に封建社会の下層部に位置する農民を指すものであった。中世初期において人々の間に価値観を広めるのに重要な役割を果たした修道士の態度は両義的だった。手仕事は特に聖ブノワの規則によって必須と定められたが、これはとりわけ痛悔を示すものだったから、助修士にゆだねる修道士も多かった。しかるに、十二世紀以降、聖母マリア信仰の拡大にともない、女性の人格および役割の再評価が進んだのとほぼ並行して、中世の人々の価値体系、および社会的威信の体系において、目覚ましいほどの労働の再評価が進んだ。それまで主に罰せられ、ヨブのように苦しむ存在と示されていた人間は、教会が『創世記』を解釈しつつ指摘したように、天地創造の際に神の似姿として造られた存在に戻ったのである。人間の創造は、歴史の中で神が最初に行った労働であり、疲れた神は七日目に休息された。かくして人間は、天地創造において創造主が人間に示した意向に応えようと努める、神の協力者となったのである。

商人、そして後に高利貸しの復権に貢献した二つの重要な価値観以外に、十三世紀のスコラ哲学者は融資額に見合った経済的見返り、すなわち利息を求め、これを受け取ることを正当化する原則を考案した。

商人から融資者にまで拡大して持ち出された正当化の第一の論拠は、融資者が受けるリスクである。この点においては、筆者はアラン・ゲローと意見を異としている。もっとも、全体としては中世社会に関する彼のきわめて的確な見解を高くしているのであるが。シルヴァン・ピロンは、十二世紀末から十三世紀初頭にかけて、resicum という語〔「リスク」という語の語源となったラテン語〕が地中海沿岸の公証人および商人の間でいかにして出現したか明らかにした。この語がスコラ神学者の語彙および考察に組み込まれるようになったのは、まさしくカタルーニャのドミニコ会修道士ペナフォルトのライムンドのおかげである。彼はこの語を「海上融資（フォエヌス・ナウティクム）」に関して論じる際に用いている。(9) 中世の人々は長い間、海を特に恐れていた。陸路は通行税徴収に貪欲な領主、さらにとりわけ森を横断する時には盗賊に脅かされることがあったが、絵画や奉納画に描かれる最も危険な場所は海であった。海は商人の命を脅かさないにしても、商品を無事に運ぶ上での脅威となり、海賊というよりもむしろ難破のリスクが多かったために、このリスク――「被害者の損失（ダムヌム・エメルゲンス）」、「危険に遭う可能性（ペリクルム・ソルティス）」、「商業活動の不確実さ（ラティオ・インケルティトゥディニス）」――への代償として利息、すなわち高利の徴収が正当化されたのである。

利息徴収を正当化する別の論拠としては、融資期間に（ルクルム・セッサンス）融資された金から直接利益を得るのを放棄したことや、この金が得られるきっかけとなった労働への報酬（スティペンディウム・ラボリス）であるということが挙げられた。

十三世紀には、利息付き貸借、すなわち高利貸しが容認されたにもかかわらず、高利に対する手厳しい断罪、そして高利貸しに約束されているのは地獄だという考え方がいまだ広範囲で残っていたため、利息徴収の正当化はゆっくりとしか進まず、また困難をともなった。しかし、その一方で、利息付き貸借、すなわち高利貸しは、正義の観念という新たな原理にも出会った。この分野において、正義の観念は主に理にかなった利息率という形で表された。とはいえ、この利息率は約二〇%と、今日では相当な利率とみなされるような水準であった。しかしとりわけ十三世紀後半には、ことに教会は、利息付き貸借を断罪し、禁じたいという古くからの欲望を守るか、ある程度の制限を設けつつもこれを正当化する新たな傾向を認めるかの二者択一の間で揺れていたようである。そのことは十三世紀末、おそらくアルベルトゥス・マグヌスの弟子であったドミニコ会修道士レッシーヌのギルベルトが執筆した論考から確認される。

疑いとリスクは金儲けの精神を許すこと、つまり高利貸付を許すことはできないが、不確かさがあってもくろみがなければ、疑いとリスクは正義に匹敵しうる。

高利貸付に関しては、十三世紀末、パリ大学でのクォドリベットというあらゆる主題、特に時事的な主題について検討する一種の討議会の際、金銭関連の相当数の問題が議論された。一二六五年から一二九〇年の間に、当時のパリ大学で最も高名であった教授、ヘントのジャンは、アクアスパルタのマチュー、モン＝サン＝テロワのジェルヴェ、ミドルトンのリチャード、フォンテーヌのゴドフロワといった教授と一時借入金と永久債について議論した。議論はこれらが高利貸付であるか否かをめぐって展開された。意見は分かれたが、このような議論、とりわけ高利貸付とそれに関わる問題からは、貨幣使用に基づく新たな経済的実践および貨幣による価値評価が、倫理学的観点から神学者たちにも影響を及ぼすようになったことが分かる(10)。

こうした問題は神学者を悩ませる一方で、キリスト教徒としてどうしても地獄を逃れたいが、同時にまた富を得たいと願う商人および融資者をさらに一層苦しめた。彼らのためらいについては、既に拙著『財布と命』[*1]で触れたところである。

＊1　Jacques Le Goff, *La Bourse et la vie: économie et la religion au Moyen Âge*, Paris, Hachette, 1986（ジャック・ル・ゴッフ『中世の高利貸――金も命も』渡辺香根夫訳、法政大学出版局、一九八九年）を指している。

金銭をめぐる考え方の変化については、キアラ・フルゴーニの傑作『ジョットとスクロヴェーニ礼拝堂』から一例を挙げたい。十四世紀初頭、パドヴァでは、エンリコ・スクロヴェーニによる出資を受け、ジョットのフレスコ画で装飾された礼拝堂が建設された。フルゴーニは、この礼拝堂建設のプロセスから浮かび上がるスクロヴェーニ家の家族像に、驚くべき転機の証が見出されることに注目した。スクロヴェーニ家は、長い十三世紀におけるパドヴァの新興富裕層の一例である。父親はダンテによって地獄に堕ちた高利貸しの一人に数えられているが、息子エンリコは父親の仕事を引き継ぎ、しかも業務を拡大しているにもかかわらず、聖母マリアと貧者に捧げられたこの礼拝堂――この礼拝堂においてジョットは悪徳と美徳の表象の序列に改変を加えている――を建設することで「愛徳」を表明しているのである。しかも、純粋に政治的な理由でパドヴァから追放され、ヴェネツィアで亡くなったエンリコは、偉大な慈善家のイメージを残している。高利貸しは天国に値する人となったのである。

教会では、貨幣の浸透という問題に最も敏感だったのは、新興の托鉢修道会、ドメニコ修道会、そしてとりわけフランシスコ修道会であった。この議論は場所を変え、姿を変えて中世の重要な問題の一つになった。ちょうど食生活の分野で謝肉祭と四旬節をめぐる大論争が展開されたように、金銭の分野では富と貧困をめぐる大論争が展開されたのである。

第8章　新たな富と貧困

アッシジのサン・フランチェスコ聖堂
（十三世紀）

しかしこの論争は新たに出現した富と貧困をめぐるものであった。われわれは今、論者が「天上の価値観が地上におりてきた」と呼ぶ世紀に身を置いているのだ。ここで取り上げる富は今までになかったものである。もはや土地、領主、修道院の富ではなく、中産市民と商人、そしていわゆる高利貸し——後の銀行業者——の富なのである。実体貨幣であれ、計算貨幣であれ、いずれにせよ、貨幣価値をもとに示される富である。

それでもなおこの新たな富は、純粋に経済面においてというより、むしろ社会面での重要性を有し、新たなキリスト教社会の有力者の間で定着してゆくことになった。なぜなら、新たに出現した貧困は、有力者たちの新たな富に直面した際、彼らの活動を金銭欲や悪徳と同列に置くのではなく、先にも述べたような「愛徳」、すなわち美徳とみなすようになったからである。ニコル・ベリウが示した通り、十三世紀をとおして、金銭は悪徳と美徳の板挟みになっていた。既に一九七八年、アメリカの歴史家レスター・K・リトルは、中世ヨーロッパでいかにして宗教的貧困と利益経済が共存するに至ったか明らかにした。[1] 貨幣は既にかなり前からキリスト教圏の想像力の中に定着していた。十二世紀初頭には、フランスの修道士ヴァンドームのジョフロワ〔Geoffroi de Vendôme (1070-1132)〕は聖別されたホスチア〔ミサで食するパン〕を最も出来のよい貨幣になぞらえた。ホスチアの丸さは貨幣の丸さを、そして救済に匹敵するホスチアの力は価値を表す貨幣の力を思い起こさせたのである。既に教父時代に聖アウグスティヌスは、キリストを最初の商人とみなし、その犠牲によって人類の罪はあがなわれたとした。キリストは「天上の商人」だったのである。しかし十二世紀以降、特に十三世紀にはキリスト教圏で新たな富が台頭してきた。

新たな貧者

この新たな富に対置されたのが新たな貧困である。この貧困は、もはや原罪の結果の一つでもなければヨブの貧しさでもなく、キリスト教圏の精神性におけるイエスのイメージの変化と関連して、重視されるようになった貧困なのである。イエスは次第に初期キリスト教時代にそうであったように、復活した人格神、偉大なる死の克服者ではなくなっていった。キリストは、その裸体によって象徴される貧困の模範を人類に示す人格神となったのである。紀元一〇〇〇年以降、原始キリスト教を復活させ、使徒たちのもとへ回帰しようという動向の中で、改革、原点回帰による革新、「裸のキリストに裸で従え」という考え方が次第に強まっていった。新たな富が労働の結果であったのに対し、新たな貧困は努力と選択の結果、すなわち自発的な貧困であり、二つの貧困、耐え忍ぶべき貧困と、自発的な貧困を区別しなければ、中世社会においてどのようにして貨幣が台頭してきたのか理解出来ないであろう[2]。

フランティゼク・グラウスは中世初期には農村に貧困層がいたことを明らかにしたが、中世において最も貧困層が増大、拡大した場所は都市であった。したがって新たな貧困に対する戦いが主に新興修道会――それまでの修道士と異なり、とりわけフランシスコ会修道士は都会に拠点を構えた――によって進められたのも当然のことなのである。

アッシジの聖フランチェスコは言葉のあらゆる意味において貨幣を拒否した。[3] 彼は商人の父を否認し、イエスのように裸で、貧しく暮らし、貧困の中で説教した。続いて、新たな富を軽蔑する人々は新たな貧困を推し進めようとして、逆説的にも両義的な、いや反対の結果にたどり着いた。リトルが指摘しているように、一二六一年、ピサの大司教はフランシスコ会の教会で説教した際、アッシジの聖フランチェスコを商人の長でありその庇護者であると述べたのである。イタリアの歴史家ジャコモ・トデスキーニはさらに一歩進めて、晩年聖フランチェスコは貧困と北および中央イタリアで広まっていた貨幣に特徴づけられる都市文化とを和解させようとしたと考えた。トデスキーニによれば、十三世紀、フランシスコ修道士は一貫して、彼らを「自発的な貧困から市場社会へ」と導いた修道会の富の本質を明らかにし、これを正当化しようとし続けたとされる。トデスキーニが特に依拠しているのはラングドックのフランシスコ会修道士、ペトルス・ヨハネス・オリヴィ(一二四八―九八)の論考『契約論』(一二九五頃)である。[4]

おそらくさらに興味深いのは、というのは日常生活により根ざしているからなのだが、パトヴァおよびヴィチェンツァのフランシスコ会修道士による修道院記録簿（一二六三―一三〇二）である。二都市のフランシスコ会が行った委託や売買その他の契約について記載したこの記録簿には、土地の購入および土地交換についてよりも、貨幣貸付についての記載が多い。ここからフランシスコ会修道士たちは、たいていの場合、彼らの名において取引を行う一般信徒を介していたとはいえ、貧困の最中にあっても、古くからの農村経済よりもむしろ、発展しつつあった貨幣経済の中に組み込まれていたことが分かる。[5]

特に托鉢修道会、主としてフランシスコ修道会は自発的な貧困から、貧困層に新たな富をもたらす精神的、社会的手段を引き出した。十三世紀、教会および有力な一般信徒は、大部分フランシスコ会修道会の影響のもと、新たな富と戦い、さらに、新しく出現した貧困を推進すべく、第一に教会にとって、第二に財力を持ち、またそれが社会的身分によって許されているキリスト教徒たちにとって、依然重要であった活動を新たな方法で行ったのである。つまり、慈善事業のことであるが、現在「隣人愛に富んだ（シャリターブル）」事業と称されるこの事業は、中世においてはむしろ「罪への赦し（ミゼリコード）、神の憐憫の」事業と呼ばれていた。というのも、人の憐憫の情は神の憐憫を根拠としていたからである。この憐憫の情はとりわけ肉体、すなわちキリストの苦しむ肉体であり、復活する運命にある肉体への関心という形で現れた。十三世紀には、病院の施設および機能が大幅に、そして目覚ましく発展を遂げたのである。中世初期に出現し、司教の責任のもとにあった病院は、寄付や遺贈を受け取る法的な自治権を獲得した。十三世紀における貨幣の急増と新たな慈善事業の開始は、病院の発達に大いに貢献し、まさに病院事業を行う修道会が誕生することとなった。二つのネットワークが発達したが、そのうちの一つは施療院で、ここでは貧者や巡礼者に食事を与えたり宿を与えたりしていた。もう一つは大病院で、ここには病人、妊産婦、孤児、捨て子などが受け入れられた。病院の財政管理はたいていの場合、司教あるいは一般信徒の院長によって指名される管理人にゆだねられていた。病院は、最初の寄付あるいは継続的に行われる寄付の他に、それに付帯する現物（衣類、シーツ類）ないし貨幣（献金、施し）による収入を得ていた。現存する中世末期の一部の病院の規模およびその美しさは、この施設に投資された金額が大きかったことを示すと同時に、この中で巨額の金が使われたのではないかと想像させる。中世初期に街道とゆかりが深かった病院は、十二世紀から十五世紀にかけては、フランスでは特にアンジェ、ボーヌ、リール、トネールに見られたように、とりわけ都市の急速な発展と関連性を持つようになった。病院への施しの増加については既に触れたところであるが、このような施しの急増はフランシスコ修道会が経験したような新たな富と貧困の出現と密接な関係を有しているのである。

とはいえ、フランシスコ修道会の役割をことさらに強調したり、フランシスコ修道会および教会の動機をゆがめたりすべきではないだろう。早くも十三世紀初頭、教会が初めて商人聖クレモナのホモボヌスを列聖した時、彼は商人という職業によってではなく、この職をなげうって、自発的な貧困に身を捧げたために列聖されたのである。聖フランチェスコもまた金銭と妥協することはなかった。ペトルス・ヨハネス・オリヴィは認知度の低いフランシスコ会の修道士であり、その死後一部では断罪されたから、彼の著書『契約論』はこの種のものとしては異色の論考であり続けたのである。さらに十三世紀末の教会の金銭、とりわけ高利貸付に対する一般的な見解を代表しているレッシーヌのギルベルトの論考『高利貸付について』では、既に確認したように、一部寛容な態度も認められるとはいえ、高利を断罪しようという姿勢は保持されている。十三世紀に他のどの分野でもそうであったように、金銭の分野においても重要なのは正義の意志であった。このことは、「適正価格」の理論と実践においてよりはっきりと認められる。この問題については後で取り上げることにしたい(6)。

価格管理

飢餓は中世の人々にとって大きな心配の種の一つであったので、パンの価格を決める穀物の価格は市当局によって厳しく管理されていた。現存するきわめて不完全な資料によると、十三世紀には、穀物価格は特に気候条件や収穫量の多寡に応じ、年によって状況次第で変化していたとはいえ、一貫して上昇傾向にあったようである。つまり、中世の人々の生活、特に食料消費は自然と緊密な関係にあり、経済生活全般および日常生活における貨幣の普及によって自然への依存――これは、中世の経済活動に貨幣が与えた影響は比較的小さかったことを示している――が改善されることはほとんどなかったのである。

価格問題は、現実には生産者、商人、そして市場の管理人が扱う問題ではあるが、この問題はまた、十三世紀最大の関心事であった正義をめぐる議論の枠組みの中で法学者と神学者によって入念に検討された。法的な観点からすると、キリスト教の観点からある特定の法を設けようとする教会法学者は、十二世紀以降ローマ法に改変を加えたローマ法学者の理論に従っているように映る。しかしながら、中世における当該問題を扱ったジョン・ボールドウィンやジャン・イバネスのような歴史家は、ローマ法から教会法に至るまでの考え方の変化のプロセスが明かされると考えた。特にこのプロセスは一二七〇年に亡くなった教会法学者スーザのヘンリクス〔Henry of Segusio（1200?-71）〕、通称ホステンシス――その『貨幣大全』（一二五〇頃）は十三世紀の何人もの教皇の考え方および行動に強い影響を与えた――のうちに見出される。ローマ法および教会法博士であったホステンシスは価格の考え方を大幅に変えた。ローマ法学者は、価格は契約を結ぶ当事者間の同意、つまり、独自の論理によって行われ、いかなる外部基準にも従わない積極的な価格交渉をもって決定されるとみなした。教会法学者は正当価格についての新たな理論を展開したが、これは、契約者双方の同意の埒外で、それ自体として存在し、したがって規範的照準をもって経験法に代わるものであった。ジョン・ボールドウィンが示したように、正当価格とは中世中期において一般的に地域の市場で影響力を持つものだというのなら、その主たる特徴は、手頃な価格であるということになり、したがって、正当価格は至る所で求められたあの正義の理想に結びつけられることになる。しかしながら、実際のところ、商人、とりわけ行動範囲が広い商人、つまりわれわれが輸出人と呼ぶところの人々は、最大限の利益を得ようとした。そのため、彼らは高利貸しを行うようになり、教会、さらには世俗の機関からも嫌疑をかけられたり、さらには断罪されたりした。価格は長い十三世紀の間に、ニコル・ベリウの言う「美徳と悪徳の間」での揺れに従って変動したのである。

組合と会社

十三世紀には、貨幣需要の増加に応じて、手工業者と商人を連帯させる必要性からさまざまな形の組合が誕生した。これは、他の分野において存在した、同業者組合および愛徳組合のようなものである。聖王ルイの治世末期（一二六五頃）に著されたパリ商人頭〔現在の市長に相当〕

エチエンヌ・ボワロー〔Etienne Boileau（1200/10-70）〕の『職業の書』という異例の書は、手工業者の活動がきわめて高度に専門化された職業に細分化されていたこと、こうした職業――職業訓練はたいていの場合無料で、金融面での可能性よりもむしろ、社会関係に依存していた――の構造および機能において貨幣の重要性はどちらかというと副次的であったこと、そして経済生活が厳しく規制されていたことを伝えている。貨幣の普及にともなって、簿記、会計が発達し、その結果、十三世紀以降、算術の教科書が増えた。商人が次第に定住するようになったのにともない、十三世紀以降、定期市の重要性はうすれ――もっとも、十五世紀のリヨンとジュネーヴの定期市の対立が示すように、定期市は中世末期に至るまで貨幣交換および貨幣使用の面で、依然重要な役割を果たしていたが――、契約および組合が増加することとなった。このおかげで、商人は活動網を広げることが可能になり、またその結果、貨幣――実体貨幣の送金のためであれ、計算貨幣の計算のためであれ――が必要とされるようになった。

広範囲に広まった組合の形態の一つとしては、コンメンダの契約が挙げられる。これはジェノヴァではソキエタス・マリス、ヴェネツィアではコレガンチアと呼ばれた。契約者たちはリスクと利益を共有するために協力したが、それ以外については、彼らの関係は、貸し手と借り手の関係であった(7)。地上での交易をめぐる組合契約の種類ははるかに多いが、基本的にはコンパニアとソキエタス・テラエという二つの種類に分類出来る。地上交易の契約は、海上交易の契約とは対照的に、一年から四年とある一定の期間について結ばれた。

一部の商人、および一族を中心に、多少の差はあるが、強力で複雑な機構が発達した。この機構にはたいていの場合、会社という名が与えられたが、これは現代経済においてこの名で呼ばれるものとは別物である。こうした会社には、最初はフランス南部そしてとりわけ北イタリアで形成されたため、その起源を想起させるような名がつけられたが、地理上、その拠点が変わってしまった後ですら依然同じ名を保持し続けた。つまり、フランスではカオール商人、イタリアではロンバルディア商人――たいていの場合、アスティ出身だった[8]――と呼ばれ、同様に中央イタリアでは、シエナ商人、フィレンツェ商人と称されたのである。こうした会社は長い十三世紀の間に、両替という主要な活動から、正真正銘の銀行業というより多様性に富み、複雑で、投機的性格の強い活動に手を染めるようになった。銀行業は近代化し、とりわけ複式簿記によって会計を効率化した。銀行業者の主たる技術革新は、十三世紀後半からゆっくりと為替手形が広まったことであるが、この点については後で触れることにしたい[9]。これに引き続いて、両替市場が登場したが、後で確認する通り、これは十四、十五世紀にきわめて活発になり、キリスト教圏の大部分の地域で盛んに投機が行われるようになったのである。

商人は、たいていの場合、活動を円滑に進めるために会計簿を数多く残したが、これに加えて最重要情報を盛り込んだ秘密の帳簿もつけ、保存した。アルマンド・サポーリによれば、これは会計簿の中で現存する最も保存状態のよい資料とされる。

長い十三世紀の末期、すなわち十四世紀初頭に貨幣使用および流通がキリスト教圏の大部分の地域に広まったのにともない——もっともそれは均等にではなかった。というのも、例えば、オランダやハンザ同盟は商業を発達させはしたが、銀行業の発展には事実上まったく関係を持たなかったからである——、こうした貨幣の使用と流通に起因する最初の問題が浮上することとなった。そのうち主要なものは、銀行の倒産、および貨幣変動〔第9章参照〕と呼ばれる貨幣価値の急激な変化の二つであった。また十四世紀末の大規模反乱以前に、一二八〇年のフランスでは、ストと暴動の歴史上初の波が訪れたが、そこで貨幣価値の使用の新たな側面が果たしたはずの役割についてはいまだ明らかにされていない。

困難な状況に置かれた銀行の一部、しかも少なからぬ数の銀行が倒産に追いやられた。債務が増加し、個人および会社が時に大きなリスクを負うようになり、特に銀行がローマ教皇庁や君主といった政治的権力の圧力を受けて融資するものの、貸付金が長い間返済されず、次第に貯蓄資本への重荷となる中で、一部の銀行は倒産に追いやられた。一二九四年以降ルッカのリッカルディ家、ピストリアのアマナーティ家やキアレンティ家、そして一二九八年シエナのボンシニョーリ家が置かれた状況とはこのようなものであった。バルディ家、ペルッツィ家、アッキアジュオリ家のようなフィレンツェの会社は債務者——百年戦争の準備をするイングランド諸王や壮麗な教皇庁の建設を進めるアヴィニョンの教皇たち——の要求によって大損害を被り、一三四一年に起こった正真正銘の大暴落により倒産することとなったのである。

第9章　十三世紀から十四世紀へ、貨幣の危機

アヴィニョンの教皇宮殿（十四世紀）

既に見てきた通り、長い十三世紀の間に、正金の増加にともなって支出および購買量が増加したのに対し、需要の増大から貨幣がより一層求められるようになった。支出の急増により、教会によるたえざる断罪に加えて、揺籃期の国家の介入が始まった。既に十二世紀末には、イングランド王ヘンリー二世の優れた顧問であったソールズベリのジョンが、その政治的論考『ポリクラティクス』において国王に、貨幣の使用を臣下の需要に応じて規制しつつ、労働と需要の関係を調整するようにとの助言を与えている。[1] また、一二九四年、フィリップ四世（端麗王）が出した奢侈をめぐる王令については既に述べた通りである。

より多額の貨幣使用をともなう現象、とりわけ借金の数値上の増額、結果としては債務の増加といった問題については資料がきわめて少なく、情報がほとんど得られない状況である。既に確認した通り、このような債務が極限にまで引き上げられたのは、十分な財政手段をもたずして行政機関や国家を築こうとし、また銀行業者たちも融資を拒めなかった君主の責によるものなのである。

カオール商人、ロンバルディア商人、両替商

しかしながら、このような現象は十四世紀初頭にはヨーロッパの同一の地域、すなわち北イ

タリア出身の少数の人々にのみあてはまるものであった。したがって、こうした融資を行う銀行業者の一部が、当初はカオールにかなりの数認められたという理由でカオール商人という名である期間呼ばれていたものの、十三世紀後半からはこうした人々は一般的に「ロンバルディア商人」と呼ばれるようになったのである。十三世紀末、ミラノがビジネスの一大中心地に、そしてジェノヴァととりわけヴェネツィアが地中海、東洋、北海、オランダ間の貨幣取引の中心地になったとはいえ、実際には、ロンバルディア商人発祥の地は、ピエモンテ州のアスティをはじめとして、歴史上、より知名度の劣る土地だったのである。西ヨーロッパのほぼ至る所に活動の範囲を広げていたロンバルディア商人がフランス国王と結んだ関係は、複雑かつ波乱に富んでいた。というのも、フランス国王は自らの権力を守りつつも――貨幣の問題については、はっきりした態度をとっていた――、ロンバルディア商人の金融支援を利用しようとしていたからである。フィリップ四世（端麗王）の治下には、不当逮捕も含めて、幾度となくロンバルディア商人に対して差別的な対応が取られた。王は特に一三〇三年から一三〇五年、および一三〇九年から一三一一年にかけてロンバルディア商人についてさまざまな調査を行った。フィリップ五世（一三一六―二二）およびシャルル四世（一三二二―二八）はロンバルディア商人から「寄付」を要求した。既に確認したように、フランス王から返済されない借金によって大損害を受けたシエナおよびフィレンツェのいくつもの会社が倒産し、フィリップ六世（一三二八―五〇）の治世初期、百年戦争に向けた準備の資金調達に際して致命的打撃が加えられることとなったのである[2]。

これに対して、イングランドやオランダでは、一般にロンバルディア商人に対する待遇ははるかによかった。D・クスマン[3]は、ジョヴァンニ・ディ・ミラベッロの旅行記について考察している。ミラベッロはピエモンテの人でブラバン地方に定住し、ファン・ハーレン（一二八〇―一三三三頃）という名で大銀行業者となり、爵位を与えられてブラバン公の顧問となったが、その一方で彼はある個人の訴えを受け、一三一八年から一三一九年にかけてメヘレン市により数ヶ月の間投獄された。ここから十四世紀初頭には貨幣が未だに両義的性格を有していたことが分かる。同様に、十三世紀末から十四世紀初頭にかけて、ロンバルディア商人はロンドンに拠点を構えたマラバイラ会社、およびソキエタス・デイ・レオパルディのおかげでイングランド諸王に重宝された[4]。しかし、全体としてはキリスト教圏の大部分の地域において嫌われ、厳しく批判された。貨幣は貴族叙任状を有していなかったし、多少なりとも債務を抱える社会階級は皆、金貸しを忌み嫌っていたからである。とはいえ、キリスト教圏において、ロンバルディア商人がユダヤ人とともに金貸しの悪いイメージを共有していたとしても、こうした商人に対する反感あるいは嫌悪感ですら、ユダヤ人に対するように、彼らを迫害しようという感情に変わることはなかった。なぜなら、商人たちがキリスト教徒に与える悪いイメージの中に、宗教

的あるいは歴史的要素はなかったからである。(5)

金貸し以外に、両替商——もっとも、金貸しと必ずしも区別がつけられるとはかぎらなかったが——についても、その最初の拡大が十二世紀以降確認されるようになり、貨幣が次第に多様化するのにともなって、なくてはならない役割を果たすようになった。両替商は、あらゆる職人の店と同じように、街路に面した店を構え、外に出したベンチや取引台の上で取引を行った。彼らは顧客の取引を円滑に進めるために結束した。何人もの両替商が共通の顧客を有していたからである。ブルッヘでは、大広場と毛織物市場の近くに取引台を広げ、フィレンツェでは旧市場および新市場にバンキ・イン・メルカート〔「市場の銀行」の意〕を、ヴェネツィアではリアルト橋の上にバンキ・ディ・スクリッタ〔「書く銀行」の意〕を出し、ジェノヴァではサン・ジョルジョ銀行の近くに露店を広げた。彼らは昔ながらの二つの役割を果たした。一つは、(彼らの職業名の由来となっている)両替、もう一つは、貴金属の取引である——両替商は、貴金属製の貨幣の主たる提供者だった、というのも、顧客から地金、あるいはこちらの方が多かったが、食器の形で貴金属を受け取っていたからだ。理論上は造幣工が独占権を握っていたにもかかわらず、両替商はまた、状況に応じて、こうした貴金属の輸出も行っていた。このような取引を通して、両替商は貴金属の価格およびその変動に多大な影響力を及ぼしたのである。

貨幣変動

十三世紀末から貨幣の領域で認められた混乱は、使用されている貨幣価値の変化――これを貨幣変動と呼ぶ――という形で現れた。この現象の解説については、マルク・ブロックの『ヨーロッパ貨幣史の素描』――一九五四年、著者の死後刊行されたものである――から借用することにしたい。中世の貨幣は一般に、造幣権、すなわち貨幣鋳造と流通の権利を有する公的な権力――領主、司教、そして次第に国王および諸侯の手にわたるようになった――によって定められる法定通用力に基づいて流通していた。こうした法定通用力以外に、商業界で定められる「商業上」あるいは「任意の」通用力もまた存在した。長い間、この二つの通用力は広範囲にわたって安定していた。しかし十三世紀末、造幣権は一方では貨幣単位、他方では金属重量によって表される交換価値に変更を加えるようになった。このような変更が変動と呼ばれたのである。こうした変動は二つの方向に操作される可能性があった。つまり、ある貨幣単位に対応する金属重量を増やすことによって貨幣価値を「高める」ことも出来たし、また反対に、金属重量を減らして貨幣価値を下げることも出来たのである。最も頻繁に、そして大規模に行われた貨幣変動は貨幣価値を高めるのではなく、下げること、すなわち今日で言う平価切り下げである。貨幣価値システムは十三世紀、金貨鋳造の再開とキリスト教圏における金銀複本位制システムの定着によって複雑になった。つまり、貨幣価値は互いに結びついている三つの要素、すなわち貴金属重量、他の貨幣との比較による価値、計算貨幣との比較による価値によって決定されるようになったのである。しかるに、一二七〇年頃から、フランスのみならず、ナポリ王国、ヴェネツィア、そしてローマ教皇庁において、金の価格が上がった。フランス王——ここではひとつの指標として引き合いに出しているのだが——は一二九〇年、最初の貨幣変動を行わざるを得なくなったが、貴金属の価格高騰が続いたため、フィリップ四世（端麗王）は一二九五年、および一三〇三年に再び変動を命じることを余儀なくされた。一三〇六年、一三一一年、そして一三一三年に行われたいわゆる「良」貨への回帰の試みは失敗に終わった。そのため、フィリップ四世（端麗王）の死後、一三一八年から一三三〇年にかけて、新たに連続して金属重量が減らされることになった。一三一八年から一三二二年にかけては、特に貨幣変動の対象となったのはトゥール・グロであり、一三二二年から一三二六年にかけて金属重量が減らされた際、対象となったのはアニェルであった。一三二六年から一三二九年にかけて、王権は新たに貨幣価値を下げるのは不可能であるとし、したがって貨幣はいわば「溶解して[6]」しまったのだった。

こうした貨幣変動は、ただ貨幣流通を経済的現状に合わせることを目的としたものではない。

それは君主、とりわけ十分な財源を持たないフランス王にとっては、債務を減らして金を稼ぐ手段だったのである。反対に、商人や給与生活者にとっては不利なこの措置は、王権に対する強い反感を生んだ。かくして、貨幣変動は十四世紀、民衆の反乱および政治的混乱の主要な原因の一つとなったのである。国王が「良」貨、すなわち安定した貨幣を保証することが世論――貨幣変動に対する反発は世論の形成を助長した――からの要請となった。そして、この貨幣変動によって、フィリップ四世（端麗王）は「偽金造り」という軽蔑的なあだ名をつけられたのである。しかしながら、十六世紀まで、多くの「偽の」証書が作成され、何の問題もなく流通した――八世紀にローマでつくられ、教皇国家の存在を正当化した『コンスタンティヌス教皇の贈与証書』を想起されたい。ほぼ中世全体を通して、ビザンチン帝国あるいはイスラム圏の貨幣の模造品が、キリスト教圏でいともたやすく流通した。偽金造りという軽蔑的な見方は、主権者――これは封建主義後の見方であるが――たろうとする国家の誕生に関連付けられるものであり、また、貨幣に対する国王大権――この権利に対する侵害は、後に「大逆罪」と呼ばれる罪につながった――が次第に制度化されるようになったことに起因するものである。十四世紀、および十五世紀にはこうした偽金造りに対する厳しい弾圧の事例が認められたが、それらは実際には貨幣鋳造に対する国王大権の横領でしかなかった。時折フランス王国で引き合いにされていた残酷な死刑（目つぶし刑やかまゆでの刑など）という形での処罰は、十三世紀には既に、おそらく大部分の場合は、理論上のものに過ぎなくなっていたと思われる。

「金の勝利」

ヨーロッパにおける貨幣の安定はまた、スプフォードが「金の勝利」と呼ぶところの現象によっても乱された。というのも、このイギリスの歴史家は、十三世紀に金銀複本位制が回復して以来の金―銀の組み合わせにおいて、優位を占めたのは金であり、これが二つの金属の関係性を変えたと考えているからである。アフリカや東洋の鉱山とは比べものにならないとはいえ、一三二〇年頃からハンガリーのクレムニツァでかなりの規模の金山が大々的に開発された。ハンガリー、そして特に古くからの供給地であったアフリカや東洋から輸入される使用可能な金の量は、十四世紀初頭には相当なものになった。こうした金を集約、流通させる際の中心地は、ヴェネツィアであった。ヴェネツィアから再輸出される金は多くの貨幣鋳造工房に供給された。こうした工房のうち最も大規模なものはおそらくはフィレンツェの工房であるが、年代記作家ジョヴァンニ・ヴィッラーニ[*1]によれば、ここでは一三四〇年頃、同市の造幣局が毎年三五万から四〇万フローリン金貨を鋳造していたとされる。フランスでは金の鋳造および流通はそれまで特にパリを中心としていたが、王国の大部分に広まっていった。このような現象は、フィリップ六世が百年戦争のために支出をふくらませていた時に特に顕著に認められた。同様に、金貨の鋳造と流通はローヌ川の谷間でも増大し、アヴィニョンの教皇たち、とりわけ一三四二年から一三五二年にかけて教皇クレメンス六世の巨額の支出を潤した。北西ヨーロッパにおびただしい量の貨幣が到達したのはようやく一三三〇年代も末になってからのことであるが、おそらくそれは商業上の理由というよりも政治的理由によるものであったと考えられる。フランスのフィリップ六世と同様、イングランドのエドワード三世は百年戦争初期、法外な金額で同盟者を買収した。既に確認した通り、王への融資者はフィレンツェの銀行業者、とりわけバルディ家とペルッツィ家であった。こうした同盟者のうち最も高額を支払った相手はブラバン公で、三六万フローリン金貨を受け取ったと推定されている。エドワード三世はまた、皇帝ルートヴィヒ二世（バイエルン公）からの軍事協力も金の力で買い取った。一方、フィリップ六世も、金をつぎ込んでフランドル伯とボヘミア王ヨハン・フォン・ルクセンブルクとの同盟を結んだ。このような支払いの発生に伴い、ブラバン、エノー、ヘルダーラント、カンブレーの貨幣鋳造所――ここで金貨の鋳造が初めて行われたのは一三三六年から一三三七年にかけてのことである――において銀の地金の代わりに頻繁に金貨が鋳造されるようになった。フィレンツェのフローリン金貨やその模造品、フランスのエキュ金貨に加えて、ドイツではケルン、マインツ、トリーアの大司教、バンベルクの司教、そして何名かの世俗君主によって次第に広範囲で鋳造されるようになった金貨が認められた。貨幣鋳造工房はライン川やマイン川の谷間に集中していた。ハンザ同盟の中では、唯一リューベックの鋳造工房だけが一三四〇年以降、銀貨を発行し続けながらも金貨を鋳造した。リューベックの金貨はそのほかの地域で支配的であったような政治的目的に結びつけられるものではなく、単にブルッヘとの交易に供給するためだけのものであったようである。

*1 Giovanni Villani (1276/80-1348). フィレンツェの銀行家、政治家、歴史家。代表作『新年代記』。

実際、金貨による支払いはほどなくして商業の領域にまで広がった。とりわけイングランドの羊毛製品という中世における重要な輸出品は一三四〇年頃から次第に高額になっていった。イングランドに集まったフィレンツェの貨幣鋳造業者の助けを得ながら、エドワード三世は金貨を鋳造させ、この金貨は「ノーブル金貨」と呼ばれるようになった。イングランドは百年戦争の著名な捕虜に対する身代金を金貨で支払わせた。ポワチエの戦い(一三五六)で捕虜となったフランス王ジャン二世はその例だった。ハンガリーで金山が開発されたにもかかわらず、十六世紀以前の東・中央ヨーロッパで鋳造される貨幣の量はごく限られていた。例外はハンガリーのデュカ金貨で、その流通量はハンガリーで金山の開発が進むにつれて増加した。フィレンツェやヴェネツィアでは、十四世紀中葉から金貨が広まり、銀貨に代わって最もよく使用される計算貨幣になった。アフリカ、とりわけモロッコのシジルマサからの金の輸入は継続し、イブン・

ハルドゥーンやイブン・バットゥータといった十四世紀中葉のイスラムの大著述家および旅行者を驚かせることとなった。また、輸入された金は、サハラとイタリアの間、そしてとりわけサハラとスペインの間におけるアラブ人商人の交易も助長した。このようにアフリカの金が供給されたことで、スペインの貨幣工房はカスティーリャで「二ドゥニエ（ドゥーブル）」金貨、アラゴンでフローリン金貨が鋳造出来るようになったのである。

安定化の試み

経済現象が政治、宗教システム全体に組み込まれている社会について予想されるように、貨幣変動とこれが生み出した問題から、一つの著作が生まれた。これは大変大きな影響力を及ぼし、今なおいわゆる経済問題に関する中世スコラ学の傑作の一つであり続けている。それはパリの大学人ニコル・オレーム（一三二〇頃―一三八二）の『貨幣論』である。オレームはパリ大学の自由学芸学部のうち最も有名な学院の一つ、ナヴァール学院に属し、一三五六年から一三六一年にかけてこの学院の権威として君臨し、一三六〇年よりも前にこの論考をまずはラテン語、次にフランス語で著した。十四世紀、アリストテレスの翻訳や注釈書から数学、音楽、物理学、天文学、宇宙論に関するさまざまな著作――この中で、ニコル・オレームは占星術と占い術、魔術を厳しく非難していた――に及ぶ彼の業績の中で、『貨幣論』は二流とみなされた。しかしながら、今日、オレームの著作の中で最も名高い著作は『貨幣論』なのである。むしろ政治的性格の強いこの著作の中で、オレームは貨幣変動の弊害、安定貨幣を保証する君主の義務を示し、貨幣はたとえ国王大権に帰属するものであったとしても、国王個人の財産ではなく、これを使用する国民共有の財産であると力説した。ニコル・オレームの論考はどうやらフランス王ジャン二世（善良王）に影響を及ぼしたようである。というのも、彼は「良貨」すなわち安定貨幣を金貨、すなわちフランという形で立て直したからである。フランはいったん聖王ルイが短期間試行したものの失敗に終わったのち、ユリの花の刻まれたグロ銀貨、純度二四ピエのトゥール・ドゥニエやパリ・ドゥニエと同時に誕生し、長期にわたって通用した。[7] この決定は、一三六〇年十二月五日にコンピエーニュで発せられた王令によって下されたもので、大親方やバイイ、セネシャルを対象として、技術面および行政面での実践を目指した。この純金製のフランについては金一パリ・マール（二四四・七五グラム）に六三枚分で対応することとなり、一フラン二〇トゥール・スー相当という計算で流通していた。

両替商には、金一マールにつき六〇フランが、銀一マール（金位四ドゥニエ一二グラン）につき一〇八トゥール・スー、その他すべての銀マール（金位四ドゥニエ一二グラン）につき四リーヴル一八トゥール・スーが与えられ、この問題についての王令が発せられて以来、国王自ら、あるいは他の人が国王のために鋳造させる純金のロワイヤル・ドゥニエの相場はわずか、一三スー四パリ・ドゥニエとなった。王令で認められた一〇トゥール・ドゥニエに相当した流通していたブラン・ドゥニエは、一枚で四トゥール・ドゥニエの価値しか持たなくなり、その他あらゆる金貨、銀貨は補助貨幣とされた。(8)

ジャン二世（善良王）の息子、シャルル五世（一三六四―八〇）は貨幣の安定に細心の注意を払った。彼は偽金造りを破門するという教皇クレメンス五世の一三〇九年の勅書をフランス王国に広く周知させ、貨幣偽造や投機と闘った。一三七〇年、教皇は公式の貨幣相場を守らない貨幣はすべて切り下げられ、補助貨幣、すなわちきわめて価値の低い卑金属貨としてしか用いることが出来ないと命じた。聖職者からは正義のために、商人からは商売の効率化のために、そして民衆全体からは正義と効率化両方のために求められた――貨幣が切り下げられると、たいていの場合、給与が下がり、物価が上がっただけになおさらであった――貨幣安定を維持しようという君主たちの努力にもかかわらず、程度の差こそあれ、さまざまな貨幣の量目低下は十六世紀まで続いた。スプフォードの計算によれば、一三〇〇年から一五〇〇年にかけて、ヨーロッパのすべての貨幣の価値が下がったが、価値低下の度合いは国によって異なった。というのも、依然、多様な貨幣が存在したとはいえ、キリスト教圏全体で国家強化への傾向が強められたのにともない、貨幣使用、そして貨幣の価値基準にも主として国家レヴェルの枠組みが与えられることになったからである。価値低下について、スプフォードが示している一覧は以下の通りである。イングランド（一・五％の損失）、アラゴンとヴェネツィア（一・九％の損失）、ボヘミア（二・五％の損失）、ハンザ同盟（二・七％の損失）、フィレンツェ（三％の損失）、ローマ（二・八％の損失）、フランス（三・九％の損失）、オーストリア（五％の損失）、フランドル（六・一％の損失）、ケルン（一六・八％の損失）、カスティーリャ（六五％の損失）。このような貨幣不安定は主に君主の責任とされ、人々は次第に君主の権力を制限しようと努めるようになった。ブラバンで一三一四年に貴族と中産市民が、そしてフランスで一三二〇年、一三二一年、一三二九年、一三三三年にオイル語圏の人々が起こした行動はそのような例である。百年戦争の再開にともない、フランスでは一四一七年から一四二二年、および一四二七年から一四二九年にかけて貨幣の価値低下――とはいえ、それはわずかであり、またつかの間のことであった――が認められた。既に述べた通り、貨幣変動は都市および農村の民衆が国王あるいは領主に反抗する原因の一つであった。中世末期はフランスおよびオランダでは反乱と戦いの時代であり、こうした国々では、反乱に際し、商人が民衆に味方して、あるいは民衆の先頭に立って重要な役割を果たしたのはよく知られている。一三五五年から一三五八年にかけてパリでエチエンヌ・マルセル[*1]が、一四一三年から一四一四年にかけてやはりパリで肉屋のカボシュ[*2]が、一三三七年、および一三八一年から八二年にかけてリエージュのファン・アルテヴェルデ父子[*3]がとった行動はそのような例である。こうした現象は織物業職人の反乱、すなわち一三七五年から一三七八年にかけてフィレンツェで起きたチョンピの乱、そして特に十四世紀から十五世紀にかけてのカスティーリャにおいても認められた。というのも、カスティーリャは、最も大幅な貨幣価値の低下が認められ、また、そして最も激しい反乱が最も頻繁に行われた地域だからである。一三五〇年、カスティーリャではフィレンツェの一フローリン金貨は二〇マラヴェティー銅貨に替えられたが、一四八〇年には同じフローリン金貨は約三七五マラヴェティー銅貨に相当したのである。イングランドはほとんど貨幣変動の認められなかった地域の典型例であるが、貨幣安定の要因の一つは、毛織物の輸出量が一貫して多かったこと、そしてもう一つは一三五二年以降、イングランドの王室貨幣の価値が議会の法令なしに変更出来なくなったことに求められる。

＊1　Étienne Marcel（1302/1310-58）．パリの商人頭（現在の市長）を務め、市民を指導して反乱を起こした（エチエンヌ・マルセルの乱）。
＊2　Simon de Caboche あるいは Simonet Caboche. カボシュの乱を率いた。
＊3　Jacob van Arteveld（1287-1344）と Philippe van Arteveld（1340-82）のこと。毛織物業で財を成し、父子ともにフランドルの指導者となった。

税制の脆弱性

権力――主に王権――は、貨幣安定化のために注意を払い、その成果がさまざまな面で認められたにもかかわらず、税制の組織化については同様の配慮は認められなかった。商業、および日常の取引の発達における貨幣使用以外に、中世における貨幣の重要な役割の一つとして、揺籃期の国家において財力の需要の発生およびその増大を助長したことが挙げられる。既に確認した通り、中世における主要な現象、つまり、中央集権化された国家――あるいは揺籃期にある国家――は、公的権力の占有に必要な手段を貨幣のうちに見出そうとし、また実際にその手段を一部貨幣に見出したのである。このようなプロセスについては既に確認した。それに決定打が加えられたのは、イングランドではヘンリー二世の治下（一一五四―八九）、フランスではフィリップ二世（尊厳王）の治下（一一八〇―一二二三）、教皇庁ではインノケンティウス三世の治下（一一九八―一二一六）および教皇のアヴィニョン捕囚時代（一三〇九―七八）のことであった。

古典的な封建制においては、国王は第一の領主として、何よりもまず「自分の財産で」、すなわち、既に確認したように王室領からの収入で生活しなければならなかった。王室領は、特にフランスでは十三、十四世紀に拡大したにもかかわらず、大規模領主所領、とりわけ君主国家の財政をまかなうのには不十分になった。というのも、君主国家ではあらゆる方面で、ますます多くの下僕を使用するようになったからである。同様に、領主および支配者の役割は行政、司法、経済——ことに貨幣関連——の分野で強化され、衣服、祝祭、贈答品などの方面で領主および国王が華美をきわめようとしたために、大領主や国王、あるいはその臣下たちが特別な財源——今日では税制と総称されるもの——を求めるようになった。同様に、一般に十二世紀以降独立し、次第に近隣の財源をもとに運営されるようになった組織、すなわち都市をめぐって、法外な財源の必要性が顕在化するようになった。こうした特別な税制に基づく税金に対する第一の弁明は、十字軍運動であった。例えば、フランス国王は一〇分の一税と呼ばれる特別税を徴収したが、十字軍運動後も引き続き徴収し、王国内の秩序維持のためとしながら、十三世紀末から特に十四世紀の教皇のアヴィニョン捕囚時代に、これを教皇庁と分け合ったのである。

十四、十五世紀、特に十四世紀は、人口の減少が顕著だった。これはおそらく十四世紀前半に始まったと推測される。この時期は、一三一七年から一三一八年にかけて大飢饉が起こり、人口減少にともなって、いわゆる「農村の過疎化」が進んだからである。このような人口学上の危機は一三四八年以降、黒死病、すなわち腺ペストが継続的に流行したために著しく悪化した。戦争もまた都市、君主、国家の財政に重くのしかかっていたことも指摘しておきたい。

程度の差こそあれ、人口問題が負担となっていた以外に、伝統的な中世の最後の二世紀における財政には波があった。というのも、国家はその権力の発展にともなってより巨額の収入を得るはずであったが、一般的には民衆の抵抗によって十六世紀より前には安定した財政が確保出来なかったからである。最も良好な税務を行ったように見受けられる国家、すなわち教会もまた、浮き沈みを経験していた。ローマ教皇庁会計院が一致して行動し、また世俗の銀行業者に頼ったために、アヴィニョン教皇庁は十四世紀前半にはキリスト教圏における第一の金融強国となった。概して、イタリアの都市および国家、そして時としてフランス王国とも関係は良好であったが、神聖ローマ帝国はドイツで教皇の要求に強い抵抗を示し、イングランドの君主制とローマ教皇庁は税制をめぐって事実上絶えず戦争状態にあった。こうした状況は十五世紀のフランスでも一部見受けられた。教皇庁の二つの主要な税収源のうち、割引出来る一〇分の一税は、聖職禄からの収入の変化に対応出来た。これに対して、聖職禄受給者がいない時期、司教区の財政的負担となった聖職禄取得献納金にはこのような柔軟性はなく、多くの場合大変な重荷となった。教皇庁財務局はしばしば割賦払いを認め、さらには献納金の割引さえせざるを得なかった。また、アヴィニョン教皇庁はしばしば、こうした課税は事実上国家の財政権を侵害するものだとみなす国家の反対にもあった。

十四、十五世紀の国家税制およびその発展をめぐる問題については、フランスがその事情をはっきり物語っている。このようなプロセスは、フィリップ四世（端麗王）の治下（一二八五—一三一四）にその最初の形態をなした。国王とその顧問は、まず市場での取引に対し、ある程度持続的に、そうでなくとも定期的に課せられる税金を定めようと務めた。一二九一年、「国家防衛のために」「一リーヴルに対して一ドゥニエ〔一リーヴルの二四〇分の一に相当〕」の税が定められた。これは人々を驚愕させたが、六年間継続されることとなった。この税からの収益は少なかったので、王は一二九五年、変更を加え、この税を商品の売買に際してはなく、在庫を対象として課するものとした。このマルトート〔間接税〕は失敗に終わった。フィリップ四世（端麗王）はまた、既に一部の都市で試され、成功を収めていた税を全国的に制度化しようとした。それは王国の外国居留者の獲得財産、あるいは収入に課せられる税であった。この税はそれまで王国のすべての男性の住民に課せられていた兵役の代わりとされた。そしてこの申し合わせは、陪臣召集にまで適用されるとの国王の宣言によって強調された。この新たな税は一三〇二年、一三〇三年、および一三〇四年に徴収され、国王は教会および世俗の有力者、そして時には「優良都市」と呼ばれる、君主と特に関係の深い都市の同意を求めた。一三四一年に定められた塩税は、一三五六年には廃止せざるを得なくなった。国王の定める税の強要は、十四世紀から十五世紀初頭に散発的に起こった反乱の主な原因となり、さらに一種の議会の祖型であった身分制会議に持続的に大きな権利を与えることになった。というのも、国王は身分制会議に新たな税を定める権利を与えることとなったからである。フランスの王権はまた、こうした税制管理のあり方を改良することも出来なかった——そしておそらくはそうしようとも思っていなかったのだろう——。十四、十五世紀のフランス王室の財政には予算がなかった。そして、中世における物価および数値的情報を示す資料がほとんどないために、当時の予算を推定するのはきわめて困難である。ともかく、百年戦争の間に行われたような大規模な軍事行動の直前期をのぞいては、国王は財政について見積もりを立てることはなく、予算を立てるという行為は経済、金融面で特に重要な役割を果たした一部の中心地に限られていたのである。ウゴ・トゥッチが明らかにした通り、ヴェネツィアがそのような例であった。(9)

第10章

中世末期における税制の完成

ブルッヘのマルクト広場とギルドホール
（十四世紀）

十四、十五世紀には、商業はおそらく長い十三世紀ほど飛躍的に発達しなかった。それでも商業の発達は、実体貨幣が新たに大量にもたらされるのに頼らずして、キリスト教圏での貨幣需要の増加に対応しうる新たな手段を生み出すことになった。というのも、ヨーロッパでは貴金属の鉱山が不十分であり、またアフリカおよび東洋からの貴金属の供給には波があったため、ヨーロッパにおける貨幣資力は限られていたからである。

両替証書と保険契約

十分な実体貨幣がない場合に、新たな需要を部分的に満たすのを可能にした二つの主な新機軸は、両替証書と保険の実践である。両替証書は、先に述べたような貨幣不足と、貨幣市場の季節変動に対応すべく、中世の商人が考案したものである。こうした変動はとりわけ市場の開催日、収穫量および収穫日、商業運搬船の到着および出発、地方総督の金融・財務習慣に左右された。既に確認した通り、封建的賦課租への貨幣導入にともない、伝統的な暦が変更された。九月末の聖ミカエルの日〔九月二十九日〕、十一月初めの万聖節は、大量に支払いが行われる日となった。貨幣需要はその他の習慣に応じて変化する可能性もあった。十五世紀中頃、あるヴェネツィアの商人は次のように記している。

ジェノヴァでは、船の出航時期である九月、一月、四月には金の価格が上がる。(中略)教皇の居住地ローマでは、銀の価格は受給者のいない聖職禄の数や教皇の移動――教皇のいる場所ではどこででも銀の価格が高騰する――にともなって変動する。(中略)ヴァレンシアでは、小麦と米のせいで銀の価格は七月と八月に高騰する。(中略)モンペリエでは、銀の大幅な高騰の原因となる大市が三つ開かれる。(以下略)

両替証書の原理はベルギーの歴史家レイモン・ド・ルーヴァーによって、次のように定義されている。

両替証書は「貸し主」(中略)が「借り手」に金を貸し、(中略)それと引き換えに、期限付き(信用取引)だが、別の場所かつ別の貨幣(両替取引)による支払いを認める契約書であった。したがってあらゆる両替契約書からは、信用取引、両替取引が生じることになり、双方は密接な関係を持っていたのである。

以下は、フランチェスコ・ディ・マルコ・ダティーニ・ダ・プラトの古文書から抜粋した両替証書である。

神の名において、一三九九年十二月十八日、手形期限付きのこの第一の証書をもって、ブルナチオ・ディ・グイド会社に四七二リーヴル一〇バルセロナ・スーを支払うこと。これはエキュ金貨では九〇〇エキュ一〇スー六ドゥニエに相当し、この地でリッカルド・デリ・アルベルティ会社によって弁済されたものである。しかるべき形式を踏んだ形で支払い、私の口座に振り込まれたい。神の加護がありますように。

グリエルモ・バルベリ
ブルッヘにて。

そして別の筆跡で

一三九九［一四〇〇］年一月十二日、承諾。

そして裏面には次のように記されている。

フランチェスコ・ディ・マルコ会社、バルセロナにて

第一［の証書］

これは、「振出人」あるいは「借り手」――ブルッヘ在住のイタリア人商人グリエルモ・バルベリ――の要求によって、バルセロナにて「支払人」――ダティーニ社のバルセロナ支店――が「受取人」――やはりバルセロナのブルナチオ・ディ・グイド社――に支払った手形である。この「振出人」グリエルモ・バルベリに対して、「貸し主」――ブルッヘのリッカルド・デリ・アルベルティ会社――はエキュ金貨で九〇〇エキュ一〇スー六ドゥニエ支払った。

グリエルモ・バルベリはカタルーニャと定期的に取引をするフランドル毛織物の輸出人で、フィレンツェの有力な商人＝銀行業者アルベルティ家のブルッヘ支店から、フランドル・エキュで前払いさせた。彼は、バルセロナの取引先であるダティーニ社に送った商品が売れるのを当てにして、バルセロナでダティーニ社が支払うものとして、同市におけるアルベルティ家の取引先、ブルナチオ・ディ・グイド社に支払手形を切ったのである。ここには確かに信用取引と両替取引が認められる。この支払いはバルセロナで一四〇〇年二月十一日、すなわち一四〇〇年一月十二日に承認されてから三〇日後に行われた。この期日とは「手形期日」であるが、これは場所によって異なり――ブルッヘとバルセロナの間では三〇日であった――、両替証書が

本物であることを確かめ、必要な場合には、金を手に入れることを可能にするものであった。
このように、両替証書は商人の四つの潜在的な欲求に対応し、四つの可能性を与えるものであった。

（a）商取引上の支払い手段。

（b）資金の移送手段——これは異なった貨幣を使用する土地間での移送である。

（c）信用取引の元手。

（d）先に定義した枠組みの中で、さまざまな地域で行われる為替相場の違いに当て込むことで得られる金融面での利得。実際、商取引以外に、二つ、あるいはたいてい場合三つの土地の間で両替証書のやりとりがあったようである。この両替市場は十四、十五世紀には非常に活発で、大規模投機の機会を与えた[1]。

これに対して、中世の商人は、手形の裏書きや割引を行っていなかった。こうした慣習は十六世紀になってはじめて出現するもののようである。債券というきわめて原始的な技術——これは単なる支払い命令に過ぎない——については、中世末期、ハンザ同盟の中で認められるようになった。

リスクという概念は、多くの中世学者が議論してきた。この問題を扱った論考については既に触れ、アラン・ゲローの否定的な見解とは意見を異としていることも述べた。もっとも、中世の人々の考え方では、われわれが金銭と呼ぶところのものは今日ほどリスクという概念にはっきりと結びつけられるものではなかったが。リスクに対する感受性にまつわる予算見積もりという概念は、十三世紀には、金融契約が数多くかわされていたと思われるキリスト教圏の一部の地域、とりわけヴェネツィアのビジネス業界の関心を集めたようである。ともかく、この問題——特に中世の人々にとってあらゆる危険をはらんだ場所であった海洋の危険が問題になる場合——についての検討、および経験から、十三世紀に「セクリタス」(安全)という名を冠した契約が登場することとなった。これは契約の祖先とも言うべきもので、十四、十五世紀に頻繁に結ばれるようになり、正真正銘の保険契約となった。ここで先に刊行した拙著の中で既に示した文献を再び引用することにしたい。[2] 表紙に「以下は、ピサのフランチェスコ・ディ・プラト社の記録簿である。ここにはわれわれが他人のために結んだすべての保険契約が記載されている。神よ、この保険からわれらに利益を得させたまえ、われらを危険から守りたまえ。」と記された記録簿には、一三八四年八月三日付けの以下のような記載が認められる。

半島からポルト・ピサーノに至るまでの中継ぎでバルトロメオ・ヴィターレ船に積載された百フローリン金貨相当の羊毛についてバルド・リドルフィ社と保険契約を結んだ。ゲラルド・ドルマウモによって作成され、われわれが署名した証書に示されるように、あらゆるリスクに対して保障する百フローリン〔相当の物品〕に対して、現金で四フローリン金貨を受け取ることになる。

これより下には、「当該船舶は、一三八四年八月四日、無事にポルト・ピサーノに到着し、われわれは先に述べたリスクから逃れられた」と記されている。しかしながら、このようなリスクの概念、そしてこれと結びつけられる予算見積もりの概念から正確かつ公式の証書が誕生したのは、中世の終焉後、ゆるやかに資本主義が発展するのにともなってのことであった。

金貸しから銀行業者へ

貨幣の使用によってとりわけ簿記が急速に発達した。それはその方法だけでなく、簿記を行うことから生じる大量の書類からも認められる。大商人および商業会社は特別な会計簿、とりわけ既に触れたような「秘密の書」をつけており、そこには提携文書、提携者それぞれの資本出資額、会社内における提携者の貸借状況の計算を常時可能にする資料、利益と損失の配分が記録されていた。しかしながら、簿記は驚くほど便利な水準に達していたとはいえ、貨幣が大きな役割を果たした社会の存在を証言するものと考えてはならないだろう。それどころか、中世には、貨幣技術はそれを利用する社会的領域においても、そこから生じ得る科学知の次元においてもきわめて限られていたのである。なるほど、中世の大商人は注目に値するような帳簿の技術、すなわち既に述べたような部分的な複式簿記を開発したが、それは周縁的な小島や領土に限られたことで、中世社会の大部分は、今日われわれが貨幣という語で指すものの洗練された使用法とはかけ離れたところにあったのである。[3] 中世には役割の限られていた貨幣は、せいぜい、帳簿の記録や、日常必需品に適用される計算勘定において、刺激剤となった程度であろう。

それゆえ、ビジネスの世界で厳密な意味で銀行業者から形成される専門業者のカテゴリーを抜き出すのは難しい。ロンバルディア商人のような貨幣使用の専門家、とりわけ金貸しと、両替商、そして厳密な意味での銀行業者の間の境界線は必ずしも明確ではなかった。というのも、金貸しという業務は少なくとも十三、十四世紀には、依然、こうしたロンバルディア商人の専売特許であり続けたからである。残念なことに、こうした融資に関する資料には非常に欠落が多い。とはいえ、一部の都市、および一部の時期については融資リストを作成し始めていたようである。例えば、ドイツのフライブルク公立古文書館所蔵のジュリア・スカルチア版記録簿九―一によると、一三五五年から一三五八年にかけての期間、ロンバルディア人の金貸しの顧客は特に中流階級の上位層に属していたことが分かる。というのも、そこには中産階級の他に騎士や貴族も含まれているからである。[4] 融資政策は十四、十五世紀のイタリアではきわめて重要だったので、おそらく一四四五年から一四五〇年にミラノで発行された一連の為替手形は、実際には融資にしか過ぎなかったと言えるだろう。[5] ロンバルディア商人が当時の大銀行業者の経済的、社会的水準を下回っていたように、十四、十五世紀の金融業者の大半は商人であり、貨幣価値が問題にされるあらゆる取引を行ったのである。彼らの間には序列が存在したため、フィレンツェそしてとりわけブルッヘでは、「バンキ・グロッシ（大銀行）」が話題になった。例えば、十五世紀のブルッヘでは三五人ないし四〇人に一人は、こうしたロンバルディア商人のうちのいずれかのもとに口座を持っていたが、顧客の八〇％の勘定残高は五〇フランドル・リーヴルを下回っていたのである。

こうした正真正銘の銀行業者が存在する限りにおいて、こうした銀行業者はたいてい商人だったから、彼らにとっては貴金属や貨幣は商品となった。彼らにとって、すべてはある特定の商業取引について提携契約を結ぶことから始まった。こうした契約は、時として更新されただけでなく、持続的提携となることもあった。ヴェネツィア人が特に重要な役割を果たした二つの提携が、既に確認したように、コンパーニャとソチエタス・テラエであった。

コンパーニャにおいては、契約者は緊密なつながりを持ち、リスク、期待、損失、利益を分かち合った。ソチエタス・テラエはコンメンダに近い。つまり、融資者だけが損失のリスクを引き受け、一般に利益は二分されたのである。しかしほとんどの条項において、ソチエタス・テラエの方がはるかに柔軟であった。投資された資本の取り分はきわめて多様だった。また提携期間は一般に一つの業務、一回の商業旅行に限られることはなく、ほとんどの場合、一年間、二年間、三年間、四年間——これが最も多かった——など一定期間に定められていた。そして、こういたコンパーニャやソチエタスといった基本類型の間に、中間類型が数多く存在し、二つの基本類型のさまざまな側面を結んだのである。こうした契約の複雑さを示す資料も存在するが、残念なことにあまりにも長いので、ここで例として示すのは不可能である。

一部の商人、一族、集団を中心に複雑かつ強力な組織が発達した。この組織には伝統的に、近代的な意味での「会社」という名が与えられてきた。[6] 最も名高く、よく知られている会社は、既に名を挙げたようなフィレンツェの名家、つまりペルッツィ家、バルディ家、メディチ家によって経営されていた。しかし、こうした会社について研究を進めた歴史家たち——その筆頭にはアルマンド・サポーリが挙げられる——にならって、少なくともイタリアにおいては、十三、十四世紀の会社と十五世紀の会社との間には大幅な構造上の変化が認められると指摘しておかねばならない。

このような会社は依然、契約をもとにしており、この契約により契約者たちが関わるのは、一つの商業取引、ないし一定期間に限られていた。しかし、契約の一部は習慣的に更新され、また、同じ一族が、安定的に相当額の資本を有する主要会社の中に数名の個人を中心としたあらゆるビジネス関係を築き、広範囲の経済領域にわたって影響力を及ぼすようになった。そのため、個々の取引、および取引を取り決める契約は一時的なものではなくなり、こうした一族が安定した組織のトップとなったのである。十三、十四世紀にはこうした正真正銘の商業会社が高度に中央集権化されており、そのトップの座にある一人、ないし複数の商人が支店全体を支配し、支配人がいる主要拠点以外では、給与を受ける社員が会社を代表した。十五世紀には、メディチ家の会社のような会社は脱中央集権化した。このような会社は、資本以外は独立した組合の結合体からなり、それぞれが地理的に独立した拠点を有していたのである。フィレンツェの親会社以外に、子会社はロンドン、ブルッヘ、ジュネーヴ、リヨン、アヴィニョン、ミラノ、ヴェネツィア、ローマに存在したが、これら子会社を経営する支配人については、給与を受ける社員という要素は、部分的あるいは付随的であり、何よりもまず、資本の一部を所有するスポンサーだった――アンジェロ・タニ、トマーソ・ポルチナリ、シモーネ・ネリ、アメリゴ・ベンチなどはその例である。フィレンツェのメディチ家がこうした会社すべてを結ぶ紐帯となっていたのは、一族がたいていの場合、それぞれの会社において大半の資本を所有し、口座、情報、ビジネス方針を中央集権化していたからに過ぎなかった。ロレンツォは、その祖父コジモほど会社の動向に関心を寄せておらず、放任主義であったから、子会社はそれぞれ独自路線の経営を行う傾向にあった。会社内での対立が増え、組織は分裂した。会社の解体は、ビジネスに関心を持つ人々が増えたために加速した。というのも、もはや、問題は分担金の拠出から預金へと移行したようだからである。預金が会社の資本、および予備費の大半を占めるようになったのにともない、会社は預金者の必要やためらい、要求や危惧によって脆弱化した。というのも、こうした預金者たちは自分たちの金を要求するのに、家族の絆や商業上の協力関係から生じる連帯意識で結ばれたかつての出資者のように躊躇しはしなかったからである。

ジャック・クールの運命

一部の蓄財家が社会的、政治的階層の上位にのぼりつめるような例外的なケースもあった。ここでその有名な例を挙げたいのだが、この例は、このような社会カテゴリーを形成する大半の人々と異なり、イタリア人ではないという点で一層興味深い。それは、ブールジュ在住のフランス人、ジャック・クールである。彼についてきわめて明快かつ優れた論考を著したミシェル・モラは、[7]まさにジャック・クールの活動内容および活動場所の多様性に驚いた。モラは「ジャック・クールの権益分布を再現した地図は十五世紀中葉のフランスの経済地図に対応するだろう」とまで言い切っている。しかしながら、モラのこの指摘の正当性が認められるのは、ジャック・クールが多大な影響力を及ぼした地域の多様性を認めた場合のみである。しかし、これはフランスの正真正銘の経済地図ではない。というのも、「経済」などというものは、国王の影響力をもってしてもフランス全土には存在していなかったからだ。フランスは、構造化されていない地域と活動の寄せ集めにすぎなかった。ジャック・クールは至る所で不動産を獲得した。領地、地代の割当——十五世紀は地代の時代と言ってもよかった。このことは土地所有が経済的、社会的にいまだ重要性を帯びていたことを示している——、ブールジュ、サン＝プールサン、トゥール、リヨン、モンペリエの豪華な個人邸宅——これは威信を誇示するためのものであり、ビジネスの拠点ではなかった——などである。彼は、生まれたばかりで、どちらかと言えば無秩序状態にあった税制、徴税請負制、エード〔間接税の一種〕、塩税の発達を利用し、利潤を求める活動を重ねたものの、キリスト教教義の変容のおかげで、高利貸しに対する断罪から免れることが出来た。また、支出先および収入源としての戦争の重要性を理解していたため、馬具や武器を国王軍に供給し、イングランドの捕虜の身代金から利益を得た。さらに、銀器、国有調度品倉庫、王室倉庫を管理していたが、この事実は彼の活動が資本蓄財と完全に無縁になっていたわけではないことを示している。彼はフィレンツェ、スペイン、ブルッヘに権益を有していた。フランスとその隣接地域以外では、彼の主たる活動の地は、地中海であった。そもそも彼が国王の寵を失い、投獄され、脱走したのち、一四五六年にその生涯を終えたのは、エーゲ海に浮かぶケオス島でのことであった。彼の主な任務は王立造幣局の管理官であり、彼はこの職を一四三六年から脱獄するまで務めたのである。

第11章 中世末期の都市、国家、貨幣

ロレンゼッティ「良き統治の効果」部分
（十四世紀。シエナのプブリコ宮殿のフレスコ画）

都市の負債および税金

中世末期には、一般的に都市の財源は増えたが、それは商業の発達によるのではなく——というのも、商業は戦争によって多大な被害をこうむり、のち十六世紀に見られるような飛躍的発展をいまだ遂げずにいたからである——、バンリュー〔都市法の及んでいる市壁外地域〕および領地を広げて、この地を支配し、富、人員、権力を奪ったためである。その証拠としてはシエナのアンブロージョ・ロレンゼッティの有名なフレスコ画（「良き統治と悪しき統治の寓意」）があるが、これはやっと十四世紀も半ばになってからの作品である。都市はより堅固に金融機関、とりわけ会計検査院を組織していた。しかし、都市は特に十五世紀の社会の大きな試練の一つ、すなわち債務を負っていた。こうした債務は当然、集団を対象とするもの、すなわち公債であるか、あるいは個人を対象とするものであり、後者は特に年金の販売という形をとった。オランダでは、十五世紀中葉からブリュッセル、リール、ライデン、メヘレン、ナミュールといった都市について、債務の負のスパイラルが問題になった。同様の現象がドイツの都市、例えばハンブルク、バーゼルについても認められた。こうした都市では、一三六二年、債務は収入の一％であったのに、十五世紀中葉には五〇％を超えたのである。さらにイベリア半島でも状況は同じであった。バルセロナでは、一三五八年には公的債務は収入の四二%、一四〇三年には六一%を占めており、バレンシアでは一三六五年には三七・五%であったのが一三六五年には七六%に達した。イタリアの金融の一大拠点もこうした現象から免れてはいなかった。公的債務は社会的カテゴリー間の対立を深めただけでなく、程度の差こそあれ、都市システムに対する信頼を損ない、都市に対する愛着の念を失わせることとなった。都市は君主や国王から権力を侵害されていたから、都市の権力、そして都市のイメージは債務のせいであらゆる点で脆弱化した。中世ヨーロッパは、十三世紀には既に、かなりの面で都市のヨーロッパになっていた。金融問題は大部分、都市が次第に君主に屈していった結果、生じたものであった。都市の中世は貨幣の中世ではなかった。君主は、貨幣を手に入れるために都市が持ち合わせていないような強制的手段を持っていたから、後に貨幣が支配的な地位を占めるようになった時にも、国家の首長として君臨し続けることが出来たのである。中世についてある人が述べているように、「負債は避けることの出来ない負のスパイラルを生み、このスパイラル自体、都市の支出を目もくらむばかりの速さで拡大させることで、維持されたのである。(中略)都市は次第に定められた期日に年金を支払うことが困難になり、未支払いの年金が増えていった[1]」。このような状況から利益を得たのは債権者だけで、彼らは確かに富を蓄えていったのが確認される。ディジョン、フランクフルト=アム=マイン、およびわずかの間存在したブルゴーニュ公国の諸都市についての研究から、中世末期における都市財政関連の問題の大きさが明らかにされる。ディジョンの会計法院は一三八六年に再編され、その古文書はF・アンベールとアンリ・デュボワによって大いに活用されている。[2] ディジョンの税制は、大多数の都市と同様、いくつもの種類の徴税から成り立っていた。

（1）公国の諸国が公爵に納めるかまど税は、支払われる時期も金額もきちんと定められてはいなかった。例えば、一三八六年には、このようなかまど税の額は三二一九フラン八グロにのぼった。

（2）都市は城壁の維持費用のために課税した。

これに対して、他の税金は定期的に徴収された。例えば、塩税であるが、これについては古文書が残されていない。また、「マール」と呼ばれる税も定期的に徴収されたが、これは納税者一人一人の「資産(ヴァイアン)」[3]の百分の一が毎年税として徴収され、公爵の利益になるというものであった。

最後に、商品の売買に対してその額に応じて課される二種類の税金があった。あらゆる商取引に課される二〇分の一税、そして小売りされるワインに課される八分の一税である。

こうしたさまざまな税金の徴収は、ディジョンのバイイ収入官の管理のもと、市民が請負っていた。一三八六年から一三八七年にかけては、この都市とその領地での経済活動に関する情報を伝える三五の徴税請負人組合があった。これらの徴税請負人組合の間には序列があり、中でも突出して地位が高かったのはワインに対する徴税請負人組合で、これは全体の二二%を占めた。これに毛織物、穀物と豆類、食肉、皮革、家畜と豚の脂身、パンと小麦が続き、それぞれの徴税請負人組合の徴税額はおよそ二百フランにのぼった。食品関係のものが明らかに優位を占めていたのが窺われる。こうした徴税請負人組合の総額、つまり、徴税請負人組合によってその規模が示される経済活動の総額は、十四世紀初頭までほぼ安定していた。公国のそれ以外の主要な都市中心部においては、羊毛に対する徴税請負人組合が著しく没落した。一般的に、この二〇分の一税の徴税請負人は、手工業を行う名士であり、その活動が金融取引に限られることはめったになかった。アンリ・デュボワはこうした徴税請負人たちが、まとまった集団を形成することも、均質な階級を形成することもなかったと強調している。彼らの中には、君主の高位の僕(しもべ)とも、都市貴族とも呼びうるような社会的エリートがおり、彼らは他の形での収入や特権に加えて、徴税請負人組合から得られる利益を得ていたのである。したがって一四〇〇年頃のディジョンでは本質的に「蓄財家」と定義されるような人々は認められなかった。金銭は、都市部で威信を持つ諸要素の一つに過ぎなかったのである。

ピエール・モネは、十四世紀のフランクフルト＝アム＝マインについて、かなりの金額を集めることとなった二つの事件をもとに、彼が「金銭を有するエリートによる都市独立のための出資」[4]と呼ぶ事象を検討した。一つ目の事件は、一三七二年、帝都フランクフルト評議会により、この都市の領主であった皇帝＝王が保持していた最後の諸権利を買い戻したことである。都市評議会は一三七二年、その独立の基盤を完全に確保するために、二万五〇〇〇～二万六〇〇〇フローリン支払った。この都市が果たしていた主たる機能は、帝国の役人、すなわち「地方行政官（エクテート）」としての役割であった。この「地方行政官」は都市の領地についての国王収入全体（サンス税、水車税、湖沼税、領地税など）の徴収を担当した。一三八九年、フランクフルト＝アム＝マインは食料品屋、仕立て屋、パン屋、靴屋といった主要職業の生産品に対する税を導入した。一四〇七年には、聖職者は都市のほとんどの税金、特にワイン税を課されることとなった。税金の総額は一三七九年から一三八九年の間に二倍になった。第二は、フランクフルト＝アム＝マインが大変な痛手をこうむったことである。市の軍隊が、貴族の連合軍に敗れ、六二〇人が捕虜となり、七万三〇〇〇フローリンの身代金の支払いを余儀なくされたのである。しかし同市は、老練の都市貴族の助言を受け、窮地を切り抜けた。というのも、こうした経験豊かで、さまざまな収入を得ていた貴族のおかげで、フランクフルト＝アム＝マインは、他の多くの都市を襲い、また金融面で中世末期の大きな悩みの種であった負債という災難から逃れ得たからである。また、フランクフルトは、一三八二年には八万フローリンの負債を抱えていたウェツラーを、二万四〇〇〇フローリンの寄付をもって援助することさえ出来た。このような現象がピークに達したのはおそらくマインツにおいてである。というのも、同市は一四四七年には三七万五〇〇〇リーヴルに達した負債から決して逃れられなかったからである。フランクフルト＝アム＝マインにおける財政状況の簡単な紹介を締めくくるにあたり、ピエール・モネの実に正当な指摘に光を当てることにしたい。「都市の繁栄は成り上がり者や新興富裕層よりも、むしろ既に権力も富も備えた別のタイプのエリートに利したのである」。都市の金融・税制に関する最新の調査結果は、中世末期につかの間存在したブルゴーニュ公国内のフランドル地方の諸都市に関するマルク・ボーヌの研究によってもたらされた。[5] 十四、十五世紀のフランドル地方における都市の人口密度は桁外れに高かった。フランドル伯爵領のフランス語圏は別として、その他の地域は、三つの大都市、すなわち人口約六万四〇〇〇人のゲント、人口約四万五〇〇〇人のブルッヘ、人口約二万八〇〇〇人のイーペルによって支配されていたが、また同時に人口一万人以下の中小都市が五〇あり、伯爵領全体の人口密度は一平方キロメートルあたり七七・九人にまで及んだ。こうした都市の特徴は、織物——高級品も最も日常的な製品も含めて——生産の要地であると同時に、外国商人の集団によって確保された大交易市場でもあったということである。このような製品の分配と転送活動において重要な役割を果たした中心地は、十五世紀中葉まではブルッヘであり、そしてアントワープが引き継いだ。この都市は、伯爵による支配によって貧窮に陥るどころか、むしろ、伯爵への主要な融資者となり、それを富を得る手段としたのである。税金の徴収権は次第に都市貴族階級に属する徴税請負人に奪われ、信用貸しのプロ、すなわち質屋、高利貸し、ロンバルディア商人、そしてあらゆる類の両替商は排除された。両替商はまた、都市の債権者としても排除された。このような都市貴族階級はしばしば君主による伯爵領の統治を保障した。例えば、一四一〇年、主要な税金であったワイン税は、ウテンホーフェ家――ヘントの古くからの都市貴族で、この一族の何人もが伯爵の収入官あるいはバイイであった――の一員とシモン・ド・フールメル――ブルゴーニュ公ジャン一世（無怖公）やフィリップ三世（善良公）に仕えたこともあり、当時、伯爵領の最高裁判所フランドル評定院長でもあった悪名高い法学者である――との間に結ばれた協定により、徴税請負制によって徴収されていた。

国家の財政と税制――ローマ教皇庁……

都市の他に、国家もまた十四、十五世紀にその政体が強化され、貨幣需要が増加したために、財政および税制を整えようと努めていた。というのも税金は、君主の領地から得られる直接収入よりも、中央権力の活動の主な財源となっていたからである。ここでは、長い十三世紀についてと同様、財政・税制面でも先駆的な取り組みを行った教皇庁国家と、フランスの例を挙げたい。教皇庁の財政については、ベルナール・ギユマン、そしてとりわけジャン・ファヴィエの重要かつ注目すべき研究の対象となっただけに、豊富な情報がある。[6] 社会状況が原因でローマ、イタリアを去り、アヴィニョンに落ち着いた教皇は、奇妙なことにローマ、イタリアでそうであったような教会の首長という地位よりもむしろ、独自の権力を有する君主という地位に置かれることとなった。アヴィニョンでの最初の教皇、クレメンス五世（一三〇五―一四）の治世から、教皇の君主としての活動は、教皇庁国家の支出の増加を要した。またたく間に、教皇宮廷はあらゆる身分の四百名から五百名の人々を集めたが、これは最後のローマ教皇ボニファティウス八世の時代、ローマにいた宮廷人の数よりも百名多い。クレメンス五世は、十分に資料が残っているこの教皇の治世四年目の会計を調査したベルナール・ギユマンが示した通り、一二万フィオリーノ使ったが、そのうち三千フローリンは教皇自身の邸宅のため――召使いの給料、食料、蠟、木材、干し草、洗濯、馬の飼育、施しなど――に用いられた。家庭以外での支出は、羊皮紙、そして早くも現れた紙の購入代金、および礼拝堂付き司祭、公証人、使者の給与であった。収入は第一に、教皇庁の封土から得られた。つまり、ナポリ王およびその他イタリアの領主から支払われるサンス地代、スカンディナヴィアの王国から支払われる自由献金である。しかし、破門が頻繁に行われたにもかかわらず、こうした収入は支払い義務のある人々からきちんと納められなかった。新しい司教および司祭が、選出されたり指名されたりした際に支払うべき納付金からは、二万六〇〇〇フローリンの収入が生じた。ジャン・ファヴィエは、一〇分の一税のわずかの定額支払金が収入の不足分を補ったとしている。クレメンス五世は、フランス王やイングランド王のように自分が厚遇や庇護を得たいと考えている要人、そしてとりわけ自分の一族への贈与に、教皇庁収入の大部分を用いた。というのも彼は大々的に同族登用を行ったからである。既に確認したように、教会が少なくとも教皇インノケンティウス三世（一一九八―一二一六）の治世以来、キリスト教社会に対する徴税制を整えていたのに対し、教皇宮廷はいまだこのような組織化には至っていなかった。重要な第一歩はヨハネス二十二世（一三一六―三四）によって踏み出された。彼は、教皇税制の対象をすべての聖職禄にまで拡大したのである。

二つの事件によって教皇宮廷の必要とする資金が急増することとなった。一つは、一三四五年から一三六〇年にかけて進められたアヴィニョン教皇庁の建築工事、もう一つは、教皇国家の侵略者に対してイタリアで展開された戦争である。ここに中世に貨幣需要を加速、増大させることとなった二つの主要領域が確認される。すなわち、建築工事と戦争である。そのため、アヴィニョンの教皇国家はクレメンス六世（一三四二―五二）の治世から搾取を増やすこととなった。収入の第一の財源は、聖職禄の支配にあった。これはまず、有資格者に与えられる聖職禄の一部を対象に、その受給資格者を教皇が直接指名すること、そして、受給資格者のない聖職禄からの収入を教皇庁が没収することという二つの形をとった。教皇の税収は、一三四八年からヨーロッパのキリスト教圏を襲った大災厄、ペストのもたらした結果により予期せぬ形で潤った。疫病により聖職禄保持者が亡くなったため、聖職禄収入の備蓄に関して、教皇庁の財源が増えたのである。教皇の貪欲さが原因で、教皇、各国の教会、君主の間の衝突が増えた。これは特にドイツで起こったことであるが、イングランドではさらに古くからこのような現象が認められた。アヴィニョン教皇庁の税制の貪欲さは宗教改革の遠因の一つだとさえ言えよう。さらに、教皇庁による聖職禄の支配により新たな収入源が生まれた。というのも、聖職者はしばしば、ある聖職禄がいまだその有資格者によって保持されているにもかかわらず、その聖職禄を獲得すべく、しばしばかなり前もって教皇に嘆願する習慣があったからである。このような嘆願がうまく実を結ぶようにと、あわせて教皇庁への寄付がよく行われた。ジャン・ファヴィエが報告しているように、早くも一三〇九年には、アヴィニョン教皇庁に嘆願したあるアラゴン聖職者が次のように記している。「ドゥニエを持っていなければ、正当な権利によっても、お情けによっても、慈愛によっても何も出来ないと考えられている」。アヴィニョン教皇庁の税は時としてかなりの高額に達したため、その犠牲となった聖職者たちは税金を支払うことが出来ずに、要求額の減免を受けることがあった。こうした行き過ぎのもう一つの結果は、主要な聖職禄に課される聖職禄取得献納金と「共同奉仕」の支払いが、伝統的な規則にあったように一括払いではなく、何回かに分割して行われるようになったことであった。アヴィニョン教皇庁はまた、それまでは限定的にしか行われていなかった古くからのしきたりを広めた。それは、教会が要求する寄付からの収益を世俗君主に恵与する際、君主と金額交渉を行うというものである。このような慣行については、その起源とまでは言わずとも、少なくともその普及の兆しが十字軍時代に既に見出された。十字軍活動は、こうした慣行によって一部資金を得ていたのである。キリスト教徒の君主は、十四世紀になってからこのような慣習を再開した。そのため、教会は新たな十字軍活動の可能性を頻繁に問題にするようになったのである。ここには、金銭と戦争とのさらに驚くべき関係性を見出せる。というのも、宗教的理由による戦争であるとしながらも、歴史が示した通り、それはうわべだけのものとなってしまったからである。アヴィニョン教皇庁によって考案された金銭の入手手段はもう一つある。それは、「プロキュラシオン（代理委任）」である。司、司教代理、主席司祭といった高位聖職者には、定期的に自分たちの裁治権下に置かれた教会を訪ねる義務があった。そこで彼らは「プロキュラシオン」と呼ばれる移動費用を受け取っていた。十三世紀の教皇インノケンティウス四世は、この「プロキュラシオン」を廃止し、訪ねてゆく高位聖職者を無料で宿泊させることを義務とした。アヴィニョンの教皇たちは、「プロキュラシオン」を復活させるにとどまらず、その半分を教皇庁に割り当てた。教皇によるほとんどの増税や税制改革についてと同様、ジャン・ファヴィエによれば正真正銘の横領とされているこのような割当は、異端との戦いに費用がかかるとの理由で教皇庁によって正当化された。しかし周知の通り、異端は十四世紀には、十三世紀ほどには猛威をふるわなかったのである。ここから教皇庁にとって、金銭がどれほど世界における宗教的現実と「ローマ」教会の役割の誤ったイメージを保持する動機となったか想像がつくだろう。十字軍活動と異端は、教会の財政的欲望を満たすためにキリスト教徒の想像力の中に生き残ったのである。

教皇庁建設とイタリアでの軍事行動に費用がかさんだにもかかわらず、アヴィニョン教皇庁は、十四世紀の社会では特に裕福な共同体とみなされていた。このような状況にあって、教皇以外にも、枢機卿や高位聖職者のように教皇庁で高い地位にある人々は財を成した。例えば、債務が拡大した社会で、彼らは融資者としてかなり重要な役割を果たしたが、教会の伝統のために、キリスト教圏の他の融資者よりも、貨幣に加えて宝物を扱う傾向にあったから、一般に、貸付金の抵当として金銀細工品を受け取った。ジャン・ファヴィエはこうした抵当の例をいくつも挙げているが、ここでは枢機卿ギヨーム・デーグルフイユの例を取り上げたい。彼は一三七三年、抵当としてエメラルド、真珠、サファイア、カメオをほどこされた金の十字架、銀食器、枝付き大燭台、そしてさらには教皇クレメンス六世のものであった銀の司教座、すなわち、総計三〇マルク金貨と一六〇〇マルク銀貨相当の品を受け取った。

教皇庁が遭遇した主な問題の一つにキリスト教圏で集められた金銭の移送という問題があった。ヨーロッパの大部分において治安が悪かったために、陸路による物資輸送は脅かされていた。十四世紀には金目当ての盗人や私兵〔時に野盗と化した〕が多かったからなおさらであった。教皇庁がアヴィニョンに設置されたのにともない、この地にいくつもの銀行がもたらされただけに、銀行に頼る方がはるかに良かったのである。しかし、これには二つの否定的な事情が作用した。一つは、キリスト教圏はいまだ銀行という業務には慣れていなかったため、定期的に両替業務を行うことが出来る銀行市場のネットワークはきわめて限られていたことである。イタリア以外では、ほとんどロンドン、ブルッヘ、パリ、モンペリエ、バルセロナにしかなかった。もう一つは、ちょうど一三四二年から一三四六年にかけて起こったように、銀行はあまりに大規模な融資活動によって倒産するのを恐れていたことである。唯一うまく機能していたのはイタリアとの金融関係、とりわけイタリア企業へのアヴィニョン教皇庁の出資であった。

結局、アヴィニョン教皇庁は規則的には経済成長の恩恵を受けられなかったものの、全体では税収は大幅に増加した。ヨハネス二十二世の治世（一三一六―三四）には年二二万八〇〇〇フローリン、ベネディクトゥス十二世の治世（一三三四―四二）には一六万六〇〇〇フローリン、クレメンス六世の治世（一三四二―五二）には一八万八五〇〇フローリン、インノケンティウス六世の治世（一三五二―六二）には二五万三六〇〇フローリン、ウルバヌス五世の治世（一三六二―七〇）には二六万フローリン、そしてグレゴリウス十一世の治世（一三七〇―一三七八）には大躍進があり、四八万一〇〇〇フローリンに達したのである。

……そしてフランス国王

ここで簡単に紹介しようとする二つ目の例は、フランス国王の財政である。恒常税を設けようとする十四、十五世紀のフランス王の努力は、権力の合理化の試みに含まれるものであったが、この試みは本当の意味で成し遂げられはしなかった。国王の定めた機関は、不定期の債務や例外的な債務の管理にはある程度効力を発揮した。一三一七年にルーヴル宮殿に設置された王国財務府は四人の財務官によって、二人の国庫役人の補佐を受けつつ管理された。一四四三年から一四四五年頃にかけて、一人一人の財務官が管轄地域を持つようになった。つまり、ラングドイル、ラングドック、ウートル＝セーヌ[*1]、ノルマンディー、ギュイエンヌ、ブルゴーニュ、ピカルディー、アルトワである。彼らは巡回を行う役人として、会計法院で活動報告をしていた。会計法院は、周知の通り、一三二〇年に完全に組織化されたのである。これに加えて租税法院が設けられたが、この法院は課税の基礎および税の徴収にまつわる問題を扱った。いっぽう、王国財務府は王室領の管理に対する権限を保持していた。フィリップ四世（端麗王）は王国財務府とはまったく異なる機関、金銀調度方を創設した。これは、国王邸宅への物資供給、国王の家具、衣類、装飾品の維持のための一種の商店であった。金銀調度方はまた、式典や祭典に出資した。ジャン・ファヴィエによれば、金銀調度役頭はほとんどの場合、王室官吏というよりも商人であった。その最も有名な例がジャック・クールなのである。これもまた中世には貨幣が今日とは別の意味合いを帯びていたことを証明するものだ。王国財務府はほぼ持続的に衰退していった。というのも、領土全体での王室の金融取引について確認するのは困難であったからである。そして、王国財務府の財政管理機能は十五世紀には領土全体で次第に創設されつつあった高等法院および行政諸院によって相次いで吸収された。貨幣法院については、多くの貨幣鋳造工房が生き残ったために、理論上の権力の大部分が奪われてしまった。

＊1　イル＝ド＝フランスとシャンパーニュ地方を指す Outre-Seine et Yonne のこと。

税が効力を発揮するには、定期的に徴収される必要があったが、定期的徴収は完全には定着しなかった。それは特に、しっかりした財政予測が出来なかったこと、さらに王室が長期にわたって本当の意味での国家予算を立てられなかったことによる。税金制定にとって決定的な期間はおおよそ一三五五年から一三七〇年にかけてであった。これは、国王ジャン二世（善良王）およびシャルル五世が、再燃したイングランドとの戦争への対処法を、ついで、一三六〇年、ブレティニー講和条約によって打ち立てられた和平の維持方法を見出すことを余儀なくされた時期である。慣例に従って、二つの議会――一つはオイル地方向けの議会、もう一つはオック地方向けの議会――に諮問した。その結果、司教区というきわめて確固たる慎重さをもとに築かれた王国の財政組織地図が修正されることとなった。こうして制定された税は、商品の売買にかかる税、マルトート、塩税であったが、これらは非常に激しい反対に遭った。一三七〇年頃、それまでの経験に鑑み、フランス王国の税制は伝統的な間接的賦課租、すなわちエードという基盤と、かまど税と呼ばれる――というのも、かまど一つ、すなわち、一世帯単位で徴収されたから――一般直接税をもとに制定された。

定期税には依然、国民の大多数が反感を抱いていた。したがって、シャルル五世は一三八〇年九月、死の床に就いた時、臣下が自分の良いイメージを心にとどめてくれるようにと、すべてのかまど税、すなわち直接税を廃止した。しかし、フランス国民――シャルル五世は「わが臣民」と呼んでいた――の大部分は、彼の継承者、あるいはむしろ幼いシャルル六世の摂政として統治していたおじたちからも間接賦課租、エードの廃止を勝ち得なければ満足しなかった。シャルル六世の治世を通して税制問題は深刻であり、この時代のさまざまな問題を助長した。その結果、一四一三年のパリの暴動――民衆の指導者であったカボシュという肉屋の名を取って、カボシュ党の乱と呼ばれる――が起こり、民衆たちはブルゴーニュ公による支配、および、シャルル六世の死後はイングランド人のヘンリー六世をフランス国王とすると定めたトロワ条約を受け入れることになったのである。イングランド人との戦いにおいて、王太子、次いで国王となったシャルル七世は、彼が招集した評議会から、イングランドに対する戦争によって正当化された一時税を徴収することしか許されなかった。しかし、フランス王国の支配権を回復した時には、彼は王室が税金の占有権を有すると明言し、一連の王令、最終的には一四三八年の王令によって、それを実行に移した。こうした再編の結果、新しい機関が創設されることとなり、十六世紀の王も王国の財政の王室支配を継続した。とりわけ一五七七年には財務支局、すなわち総徴税区が定められ、「フランス革命期に至るまで続くフランス王国の正真正銘の財政、行政、政治区分[7]」となったのである。

したがって貨幣はのちにフランスおよびヨーロッパのその他の地域で絶対王政と呼ばれるようになるものが形成される中で重要な役割を果たしたが、この政治体制の財政的基盤はあいまいではっきりせず、異論を引き起こすこととなった。この領域においても、貨幣が近代的な意味を持つようになるのは十八世紀になってからのことだったのである。

第12章

十四、十五世紀の物価、賃金、貨幣

ジャック・クール（十五世紀）

中世最後の二世紀には多くの点において、ジェローム・バシェの検討の対象となったようなはっきりとしたコントラストが認められる。歴史家たちはこの時代に衰退——ヨハン・ホイジンガの有名な著作『中世の秋』によれば、悲しい秋である——と、まったく反対にジェローム・バシェの言葉を借りれば、「持続的な活力」が見出されるとした。災難がなかったわけではないと確認するのは容易である。一三一五年から一三一七年にかけて飢餓が広範囲の地域を襲った後、一三四八年のペストは少なくともキリスト教徒の三分の一の命を奪い、その後も定期的に発生した。戦争は激戦、あるいは局地戦、略奪という形をとり、十五世紀の中葉まで西洋のほぼ全域で行われた。フランスとイングランドの間に起こった百年戦争はその典型である。教会は首脳部で分裂し、大シスマのせいで、教皇庁は人工的にキリスト教の首都と定められたアヴィニョンに移され、ある教皇がもう一人の教皇と対立した。時には三つどもえになることもあった。王室の体制あるいは地方自治体の体制を機能させるために必要な税金がなかなか課税されなかったため、君主たちは借金せざるを得なくなったが、その結果、キリスト教圏はほとんど永続的に経済危機に悩まされることになった。イングランド王エドワード三世はフィレンツェのバルディ家から借金したが、その結果バルディ家は破産した。百年戦争後にフランスを再建しようとしたシャルル七世はジャック・クールから借金したが、後に借金の返済をしないですむよう、彼を投獄することになった。神聖ローマ帝国では、皇帝マクシミリアン一世がニュルンベルクの大一族、フッガー家から借金したため、一族は皇帝の援助、とりわけチロル地方、さらにはスペインで開発された新たな銅山、銀山を活用することが出来た。しかし、いったんフッガー家がカール五世のために帝国の選挙侯たちに報酬を与えて皇帝のお抱え銀行業者になり、さらにはスペインのフェリペ二世のお抱え銀行業者になると、スペイン王国の財政破綻にともない、フッガー家も破産し、十六世紀には滅びてしまった。このような災難は経済に悪影響を及ぼすばかりだった。特に十五世紀中葉、いったん平和が訪れると、ジェローム・バシェが結論付けた通り、ヨーロッパは再び飛躍的発展をとげたが、それでも至る所で長い十三世紀の末のような高水準の繁栄が認められたわけではなかった。

物価の変動

物価および給与の変動は、先に述べたような対照的な動向を反映していた。数値的資料は少ないとはいえ、中世末のキリスト教圏における物価および給与の変化について概説するには十分な資料がある。[2] フィリップ・コンタミーヌはカンブレー同盟についてのユーグ・ヌヴーの研究成果を用いながら、大麦と小麦について次のような生産指標を提示している。

大麦

一三二〇年頃	一六〇—一七〇
一三七〇年頃	一〇〇
一四五〇—六〇年頃	六五—七〇
一五二〇年頃	八〇
小麦	
一三二〇年頃	一四〇—一五〇
一三七〇年頃	一〇〇
一四五〇—八〇年頃	八〇
一五二〇年頃	九〇—九五

こうした生産量減少の主な原因が人口減少であることは間違いない。

これに対して、同時期、工業物価はほぼ安定していたため、フィリップ・コンタミーヌは農業地帯と工業地帯の間の利益配分が不均衡だったと推測されると結論付けている。ジュリアン・ドゥマードは、一四二七年から一五三八年にかけてのパンの価格に関するニュルンベルクの資料をもとに[3]、価格変動に関して二つの大きな類型、すなわち年度内の価格変動と年度間の価格変動があること、さらにこの二つの類型がいかに強力であるかということを明確に示した。価格設定、および数値評価される消費物資売買への貨幣導入によって、筆者が既に指摘したものの、これまであまりにも等閑視されてきたある事実が浮き彫りにされる。すなわち、貨幣流通がこの時代に与えた影響である。さらに、ジュリアン・ドゥマードは特にドイツ南部において、被支配者に対する支配者の徴税時期は、収穫の少し後の時期に集中していたが、納税義務者が販売活動を出来るだけのタイムラグは設けていたと指摘している。このような価格変動から、消費物資市場と領主による徴税との間に関係があったこと、そしてとりわけ、他の領域同様、物価の面でも中世社会が機能する上で時間が大きな役割を果たしたことが分かる。ここでは、ドゥマードに同意し、「中世末期における市場の出現と成長は、誤って資本主義への移行と捉えられている現象とはまったく関係がなく、むしろ反対に市場は封建制度の再編によって大幅に強化されたのだ」と主張すべきであろう。なるほどここで問題にしているヨーロッパの地域では、ポーランドの優れた歴史家マリアン・マウォヴィストが示したように経済成長幅が小さく、十五世紀には、特にハンガリーやポーランドなど貨幣流通があまり多くなかった最も東側の地域では第二の農奴制がしかれるほどであった。[4] しかし、消費物資市場と領主による税の徴収との緊密な関係は、中世末期には西洋の随所で目立つようになったのである。さらに論を押し進め、ここでロラン・フェレールの指摘を援用することにしたい。[5]「購買、販売といった活動は市場的配慮によってのみ生じるのではなく、血縁関係、友情、近所付き合い、同じような社会的地位の集団への帰属意識によって決定づけられる社会論理にも左右される」。こうした社会的な連帯意識以外にも、価格システムは君主、および都市の官僚制の発達、そして税金徴収のための諸機関の努力の影響も受けたことを指摘しておきたい。

賃金の変動

価格変動との比較のため、ここで賃金の変動を示すべきだろう。賃金はしばしばいわゆる封建制を崩壊させた主要な要因の一つとされてきた。実際、一般に貨幣同様、賃金は封建制と称されるシステムの機能の中に容易に組み込まれた。しかも、比較的早い時期に。というのも、一二六〇年代には賃金増額を獲得するためのストが勃発したからである。封建システムの変化の中で国有財産制度から領主制度へ移行したため、労働市場への賃金の導入は大幅に拡大し、かつ加速した。ブロニスワフ・ゲレメクは中世末期のパリ都市部におけるこうした変化について明らかにしたが、これは全般的な傾向で、消費物資取引に大きな影響を与えた。

ペストの発生にともない、一三四八年から深刻化した人口減少からは人手不足が生じ、一三五〇年から一四五〇年にかけては、賃金が増額された。賃金に関する資料は特に、建設関係の職について充実している。こうした資料は中世イングランドの石工についての研究で大いに活用された。[6] イギリスの建設労働者については、賃金指数は一三四〇年から一三五九年については九四であったのが、一三六〇年から一三七九年については一〇五、一三八〇年から一三九九年については一二二となった。イングランド王およびフランス王は、このような賃金増額を、労働者に関する一三六一年の法令によって制限しようとした。二人の国王は一三四八年の賃金水準にまで戻そうとしただけではない。労働を拒否している健康な物乞への施しの禁止令を出し、イングランドでは十二歳から職に就かせようとさえしたのである。この規制については手工業者および労働者の評判がきわめて悪く、うまく機能せずに放棄されてしまったようである。オート・ノルマンディーでは、一三二〇年から一三四〇年にかけて、熟練工一人の稼ぎは一日二トゥール・スーであったのが、一三四〇年から一四〇五年にかけては四トゥール・スー、一四〇五年から一五二〇年にかけては五トゥール・スーになった。この時期、未熟練労働者の賃金も二倍になった。最も大幅な増額を記録したのはヴュルツブルクの人足の賃金で、これは三倍になった。

二〇〇七年、バルセロナで開かれたあるシンポジウムでは、ヨーロッパの歴史家が集まり、中世末期の賃金について検討した。周知の通り、あるいは、予想されるように、給与生活者の間では報酬に著しい差があり――組合、あるいは作業場の長、そして一般的に、組織、管理の仕事を行う人々は給料が良かった――、見習いと親方の金額格差は拡大した。労働時間は法令で定められていたが、これは時間の捉え方、使い方に貨幣による支払いが影響していた証拠である。例えば、ピストイアでは、労働時間は夏と冬で異なっており、労働時間の単位は二〇分と定められ、労働者が遅刻すると賃金は減額された。中世末期には、建築家、画家、彫刻家には特別な高額給与が支払われ、彼らは職人というカテゴリーから脱却して芸術家としての地位を獲得した。中世の労働に関する電子書籍の中でアンリ・ブレスクが強調しているように、作業現場および手工業における貨幣使用の増大は、神学者から貧者に至るまで、中世の人々がなかなか把握し、定義することが出来なかったもう一つの概念に影響を及ぼした。すなわち、労働の概念である。

奢侈の発達

十四世紀末から十五世紀にかけては、さまざまな試練、特に戦争や疫病が度重なったにもかかわらず、十三世紀に既に増大傾向にあった奢侈が目覚ましく発達し、領主社会、および市民社会の上層部の支出は次第に増えていった。この時期、支配者、特に国王および都市は、一貫してこうした支出の再増加を抑えようとした。教会もまた、宗教的理由によってこうした現象と戦っていた。もっとも、アヴィニョン教皇庁のような建造物は、個人的な楽しみのためではなく、人々が教皇の威信を認めるようにとの目的から、西洋において一番とまではゆかずとも、最も金を浪費する機関の一つであったことが分かるが。例えば、フィリップ四世（端麗王）の後、一三五五年から一三五六年にかけてジャン二世が、一三六六年にはシャルル五世が宝飾品や金銀細工製品など特定の贅沢品に対する支出を断罪した。また既に述べたように、同じシャルル五世は、極端なプレーヌの着用を禁じた。一三六七年には、彼はモンペリエの女性に対して、宝石を身につけること、そして、贅沢であるだけでなく不道徳であることから、あまりにデコルテの開きすぎた衣服の着用を禁じた。さらに一四八五年には、シャルル八世は、絹およびビロードの生地を禁止した。特にイタリアは贅沢の行き過ぎを禁じたが、これは中世特有というよりもルネサンスの現象と見なしうるものであった。食卓での贅沢はことのほか厳しく断罪された。かくして、貨幣はいくつもの大罪の拡大を助長した。そのため、教会の貨幣に対する否定的な姿勢が強まったのである。「強欲（アウァリキア）」は、しばしばこうした大罪の中で最も重い罪とされ、「暴食（グラ）」は中世初期には禁欲主義を守る修道院によって厳しく非難されたが、十三世紀には、「テーブルマナー」の発達とともに容認されるようになり、十四、十五世紀には再び爆発的に広まったようである。しかも、揺籃期の世論はこうした贅沢品と、贅沢品が課する支出に対する相対立する二つの感情に捉えられていた。一方では、奢侈は教会および庶民に「新興富裕層」への反感を抱かせることとなったが、また他方では、社会的カテゴリーの大いなる不平等の上に成り立つ社会における威信の表徴ともなった。十四、十五世紀は饗宴の全盛期であったが、こうした饗宴は人々を魅惑させると同時に顰蹙の的ともなった。このような贅沢品という形においても、貨幣は封建社会における階級制の相矛盾する影響力を助長、拡大した。また、貨幣は人々の心性の中で、断罪と賞賛との闘いを展開させることとなった。[7] 奢侈は、たいていの場合、経済の貨幣化から生じ、十四、十五世紀の最も大きな災厄の種となったある状況を助長した。すなわち債務の発展である。

こうして十五世紀は対立の世紀となったが、ここで貨幣は次第に大きな役割を果たすようになったと考えられる。そのため、とりわけ家具の充実とタピスリーの人気によって示されるように、ますます華美になった贅沢品を所持する新興富裕層が本格的に問題とされる一方で、都市では貧者の集団が増加した。それこそ、ヴィヨンのパリ、当時「浮浪者たち」の首都として通っていた街なのである。

中世末期の貨幣の多様性

一四〇〇年頃のヨーロッパにおける貨幣流通の状況はどのようだったか。ピーター・スプフォードはそれを明らかにしようとした。ここで三つの貨幣水準の必要な区別を思い出しておきたい。金が支配的であった上層部、特に銀が支配的であった中間部、そして補助貨幣あるいは黒い貨幣――たいていの場合、銅貨であった――の支配的な下層部である。上層部、中間部においては、貨幣流通が増加するとともに、使用される貨幣の種類が減少する傾向が認められた。第一の現象は、商業の回復と公私双方の生活にかかる費用の増大によるものであり、第二の現象は君主による貨幣独占の拡大、そして一部の金融網の支配によるものである。その結果、比較的「全国規模」と言える貨幣システムが構築され、二つの「国際的」通貨、すなわちフィレンツェのフローリン金貨とヴェネツィアのデュカット金貨の流通が強化されることとなった。十五世紀には、ヴェネツィアのデュカット金貨が支配的地位に立ったため、フローリン金貨に取って代わった。その影響力はまた、貴金属の含有量やヨーロッパの他の金貨の重量にも認められた。フランスのエキュ金貨は一四二二四年、フローリン金貨と同じ重さに軽減された。イングランドの金貨は一四一二年、フローリン金貨あるいはデュカット金貨二枚分に相当するようになった。十五世紀のヨーロッパにおいて、金貨は大変な威信を持っていたので、デュカット金貨は一種の規格となった。十五世紀中葉、ポルトガルのエンリケ航海王子率いるカラベル船がアフリカからもたらした金貨は、クルザードと呼ばれ、デュカット金貨と同じ重量、価値を有した。金はとりわけ戦争による高額の支払い――優れて貨幣が使用された領域である――に関わり、特に君主の身代金の支払いに使用された。フランス王ジャン二世（善良王）の身代金、イングランド王リチャード二世の妻となったイザベラ・オブ・フランスの持参金、キプロス王ジャック一世の身代金、ジョン・オブ・ゴーントがイングランド王位継承権を放棄した際の対価、これらはすべてデュカット金貨で支払われた。

　こうした金貨の価値はあまりにも高かったので、中世の民衆の大部分はまったく金貨を使わないことになった。そして、金貨は貴族、有力な行政官、大商人が独占するところとなった。一四三三年、オランダの新しい「騎士立像金貨」の流通が始まった時、その価値は七二グロであった。翌年、アントワープでは、ノートル＝ダム寺院の建設に携わった石工親方は八グロの日当を、そして日雇い労働者は四グロ半の日当を受け取っていた。農村部では、農業労働者の給与ははるかに少なかった。ほとんどの住民にとって、最も重要な貨幣は銀貨であり、人々は銀貨を用いて通常の支払い、つまり給与、地代、税金の支払いを行っていたのである。

　フランス王国では、十四世紀後半以降、基本的貨幣となったのは「ブラン」〔「白」の意〕であるが、これは重さ約三グラム、そして銀含有率は五〇％をわずかに下回る程度にとどまった。この「ブラン」は、百年戦争以前の同等の貨幣、すなわちほぼ純銀製で「国王の銀貨」と呼ばれたグロの三分の一程度の銀しか含まれていなかった。この白い貨幣（ブラン）の模造品は、半独立状態にあったフランスの君主、すなわちブルターニュ公爵とサヴォア公爵によって鋳造された。このブランはかなりの期間、安定していた。一四〇五年から一四四九年にかけて日記を付けていた無名のパリの一市民は給与額を白い貨幣（ブラン）で表していた。消費の大部分を占めた製品、すなわちろうそく、油、蜂蜜、そして高級な野菜・果物の価値を定める時もこの貨幣を用いた。日常のこまごまとした取引に用いられた黒い貨幣あるいは補助貨幣よりも価値が高く、高品質の品物の購入に用いられたこの銀貨は、結果として「白い貨幣（モネ・ブランシュ）」と呼ばれるようになった。

ブルゴーニュ公は、自分の支配下に集めた四つの地域（フランドル、ブラバン、エノー、オランダ）において、一四三三年以降、銀貨を鋳造したが、この銀貨はフランス王国におけるブランと同じ役割を果たした。すなわち、パタールである。ブランと同様、パタールも高級品への支払いに用いられていたので、貧困層はこの貨幣をほとんど所有していなかった。年代記作家シャステラン[*1]は、次のような逸話を残している。ブルゴーニュ公フィリップ三世（善良公）は狩りの最中に森で道に迷い、木こりに助けられた。屋敷に戻ろうとして、公爵は木こりに四パタール渡して大きい道へ連れて行って欲しいと頼んだ。木こりはこの金額に驚いて、思わず叫んだ。公爵はあいにく小銭を持ちあわせていないから、フローリン金貨を両替してほしいと頼んだが、もちろん、木こりはそれまでに金貨など目にしたことがなかった。社会的地位に応じて、貨幣流通が異なっていたために、貧しい木こりはなかば奇跡的に一枚の金貨を手に入れることになったのだ。ヨーロッパの商業地の中で最も進んだ地域であった北イタリアで、十五世紀、ヴェネツィアに次いで裕福であった地域は、ミラノであった。フランスでブランがトゥール・グロに取って代わったように、十五世紀中葉、ミラノ人が鋳造した新たな銀貨、半ペジオーネが聖アンブロジウスのグロ銀貨に代わって登場した。貨幣鋳造の面で、ミラノから独立していた唯一の都市はヴェネツィアであったが、十五世紀に相次いだ戦争の影響でヴェネツィアのグロ銀貨の価値は下がってしまった。

一般的に、十五世紀のヨーロッパほぼ全域で並の価値の貨幣が重視される傾向にあった。このような貨幣は、経済活動、給与価値、および租税徴収を平均的な水準に立て直すのにふさわしかったからである。

＊1 Georges Chastelain (1405-75). ブルゴーニュ公国の文学者、詩人、年代記作家。

国内での需要については、十五世紀のヨーロッパでおそらく最も安定していた貨幣は、イングランドの銀貨、グロアート（グロッシェン）であった。この時期、小額銀貨もまた流通した。例えばヴェネツィアでは、こうした小額銀貨の価値は一スー、すなわちヴェネツィアの一二(小)ドゥニエに相当した。一三二八年から一三二九年にかけて鋳造され始めたこのソルディーニは、ほどなくして給与支払いの際の主要貨幣となった。同様に、フィレンツェでもソルディーニが鋳造され、一部、ミラノの市場に導入された。最下層では、特に人口が多く、その一部が貧困の淵に立たされ、貨幣使用が限られているような都市を擁する地方で、(小)ドゥニエ、あるいは黒い貨幣が流通していた。このような状況は、オランダの諸都市、パリ、ロンドン、そして特に北イタリアで認められた。この黒い貨幣はまた、大都市で娼婦への支払いに使用されたようである。また施しも主にこの黒い貨幣によって行われたので、パリ・ドゥニエは「施物所のドゥニエ」と呼ばれた。奇妙なことに、十五世紀、イングランド王は黒い貨幣を鋳造したことは一度もなかった。低価格の商品の取引については、ロンドンの人々はなんとか間に合わせることが出来たものの、特に施しについては、他の手段に頼らねばならなかった。そのため奇妙なことに、施しには交易によってロンドンに届いたヴェネツィアのソルディーニが使われることになったのである。

ヨーロッパと東洋の取引においては、ヴェネツィアのドゥカート金貨の使用が圧倒的に多かった。東洋の中でも、エジプトを支配していたマムルーク朝は、一四二五年からドゥカート由来のアシュラフィ金貨の鋳造を始めた。高級金貨、通常取引に用いられる通常銀貨、そして日常の商売に用いられる黒い貨幣の間の価値の差は、しばしば非常に大きくなった。例えば、シチリアでは一四六六年、レアーリ金貨の価値は良質のカルロ銀貨二〇枚分に相当し、一カルロ銀貨は黒ピッコリ六〇枚分に相当した。一般的にフィレンツェでは格差はそれほど大きくなかったが、織維労働者が給与支払いを受ける時に用いられる貨幣（この貨幣は、労働者の雇い主と同様、「ラナイウオリ」、すなわち「毛織物工場経営者」という名で呼ばれていた）の価値がほぼ継続的に下がったことが社会不安の主要な原因の一つとなり、十四世紀、とりわけ一三七八年から一三八〇年にかけて起こった有名なチョンピの乱（「革命」）の際、フィレンツェを動揺させた。特に、貨幣を扱う立場にある人々にとって最も大きな損失は、貨幣価値が常に不安定だったことである。実際、貨幣価値は時には毎月変わった。ヴェネツィアは特にごく近隣のセルビアの銀鉱開発のおかげで、三種類の流通貨幣の価値格差を最小限にとどめることが出来た。一四一三年、一ドゥカートは一二四ソルディーニに対応したが、この二つの貨幣の間の価値格差はシチリアやフィレンツェで見られたよりもはるかに小さかった。ここで、一四二一年、パリの一市民が『日記』に残した言及について、経済史、特に貨幣史を専門とする偉大な歴史家、ジャン・ムーヴレが行った実に正当な指摘を挙げておきたい。

金貨というものを知るのは、人口のごく一部、卸売業者、財政役人だけであった。全体として、庶民が銀貨を用いるのは高額の買い物をする場合だけであり、補助貨幣が唯一の流通貨幣であった。多くの需要は自家消費によって満たされ、経済は物々交換にとどまっていた。(8)

ムーヴレのこのような見解は十六世紀については有効であるが、十五世紀には当てはまるわけではないとみなされ、しばしば議論の対象となってきた。筆者は、十五世紀についても状況は同じであったとするジャン・ムーヴレの見解を支持している。これに対し、ある程度の額の支払い、あるいは見積もりが問題となる場合、銀貨は例えば給与や地代支払いに関して、都会の中産階級の中でも流通したのみならず、農民の間でも流通した。というのも、彼らは一般に、個人の収穫のうち、販売に出される分については、貨幣による支払いを受けていたからである。

一四六九年、ブルッヘでルイ十一世、エドワード四世、フリードリヒ三世、シャルル(勇胆公)、ヴェネツィアからの使節によって、貨幣価値の比率を明確に定めるための会談が行われた。これは、貨幣の混乱、そしておそらくは特に黒貨幣の欠乏――今日では、これが中世の「経済的発展」にブレーキをかけた主要原因の一つであったというのが歴史家の見解である――の脅威に対する、政治上最も有力な首長による検証の結果であった。

〈補遺〉中世に土地市場は存在したか

中世のキリスト教圏全体について、統一的市場が存在したか否かという問題は、経済、とりわけ本書の主題となっている貨幣経済の性質を明らかにすることを可能にしてくれる重要な問題の一つである。中世社会における農村経済の重要性に鑑み、この問題についての研究、とりわけ一九九〇年代にイギリス人のクリス・ウィッカムやロラン・フェレール、そしてフランソワ・ムナンといったフランスの一流の中世学者の研究が次々と発表された後、やはり同じくロラン・フェレールとクリス・ウィッカムが共同監修し、二〇〇五年に刊行した『中世における土地市場』には、ヨーロッパ全域に関する論考が集められた。この著作で示されている見解はすべてが同じ方向性であったわけではない。しかも、問題の立て方からは、「市場」という用語がフランスの歴史書よりもアングロ＝サクソンの歴史書において[1]、程度の差こそあれより総合的な意味合いで用いられていることの影響が見られる。きわめて内容豊かでありながら、多くの重要な問題を未解決のままにしているこの書物の結論は、どちらかと言えば中世には土地市場が存在しなかったことを確認する方向性にある。このような見解は、土地市場という問題を超えてアラン・ゲローが力説しているものである。(2) こうした研究の性質上、文化人類学に頼ることが必要であるため、モニック・ブーランはこの共著書の序文に、著者の大多数がそれまで最も参照されてきたカール・ポランニーの説からは距離を置き、チャヤーノフ（一八八八―一九三九）の説を支持していると述べている。中世経済に応用可能と判断されるチャヤーノフの理論からは、農民経済についての一つの概念が生まれるが、土地市場という問題意識は、この概念の中に、商取引は家族規模に応じた搾取規模の周期的変化に支配される、あるいは少なくとも大いに条件づけられるという考え方を組み込んだ。このような考え方は、アングロ＝サクソン系の多くの歴史家に多大な影響を与えた。というのも、彼らはどの時代においても大部分の農村経済に潜在する土地市場という問題に関心を持っているからである。この論考で既に述べたように、筆者は反対に、そもそも経済現象自体、それが生じた社会的文脈と不可分である以上、産業革命以前には、世界の他の地域と同様、ヨーロッパでも経済による社会の支配は認められなかったとするポランニーの説は正しいと考える。(3)

繰り返しになるが、著者は、モニック・ブーランがこの書籍の序文（XI頁）で示している見解、つまり、土地取引は社会関係の網の目、権力関係、そして一般に現実と対応した階級制の中にすっかり溶け込んでいるとする見解は支持している。ロラン・フェレールが農民の土地使用に関するさまざまな考察の中で、フランス人による研究の出発点として、一九六七年に刊行されたアンリ・マンドラスの『農民の終わり』——一九九一年には改訂版も刊行されている——を挙げているのは的確である。この論考の中で、マンドラスは、土地は生産の道具である以前に、中世の農民にとって愛着を感じる財産であり、特別な絆で結ばれていたと主張している。スペイン、特にガリシア地方での土地取引に関する研究の中で、レイナ・パストールは、土地売却は、申し合わせ、すなわち経済的取引締結の背後に隠された贈与経済を想起させるような交換形態をとっていたと示した。

ロラン・フェレールは考察の結果、中世における土地の流通については、すべてが市場の法則に従っているとは言えないメカニズムと照らし合わせながら解説すべきだと結論づけている。彼は社会的連帯および家族の連帯の重要性を強調するとともに、こうした取引はまた贈与という形で行われることもあるが、その当事者の選択によっては、取引は貨幣を使用して行われたと主張した（二八頁）。一方、フロランス・ウェベールは「商業関係は戦争と個人間の同盟関係の間の狭い道を占めている」と述べている。アメリカの中世学者バーバラ・ローゼンヴァインの見解[4]は、十世紀から十一世紀と古い時期にあてはめられたものであるが、中世のクリュニー修道院について研究を進める歴史家に多大な影響を与えた。これによれば、寛容や終末思想、財産放棄や修道院の理想との一体化、契約網の活性化や維持、修道会に入る子供たちの交付金による家族の財産の保護など、経済とも、また貨幣とも関係のない他の多くの要因がクリュニー修道会の修道士の行動を規定したとされる。つまり、ここで取り上げている共著書『中世における土地市場』においてパトリック・ベックが強調しているように、土地の取引は贈与経済に由来し、クリュニー修道院の全盛期であった十一世紀の後もずっと続いたのだ。『西暦一〇〇〇年から十四世紀までのヴァンドーム伯領内の社会』(ファイヤール社、一九九三)において、ドミニク・バルテルミーは、土地取引は贈与経済と市場経済の混交の上に成り立っていたことを明らかにした。領地内の社会的関係に基づくこうした贈与経済と市場経済の混交こそ、封建制を定義付けるものなのである。カルロス・ラリエナ・コルベラはまず、さまざまな資料を比較するのは困難だ——スペインでは取引は一般に公証人を介して行われたが、イングランドでは貴族および聖職者の残した古文書には数字的資料がほとんど含まれていなかった——と強調している、その上で、彼は中世末期のスペインにおける土地市場について論じる場合、この市場は地方レヴェルでも地域レヴェルでもきわめて断片化されており、経済とは無関係の個人的な要因(顧客主義、特に血縁関係)が介入していることを明確にすべきだと主張している(一八二頁)。フランソワ・ムナンはヨーロッパのさまざまな歴史書における土地市場というテーマの出現を年代順に追った秀抜な研究の中で、このテーマはフランスおよびイギリスの農村社会経済に関する優れた研究（ジョルジュ・デュビィ、ロベール・フォシエ、アンドレ・シェドヴィル、そしてイギリスのマイケル・ポスタンの研究）が発表された後に出現したものだと述べている。そして、このテーマはチャヤーノフの影響と相まってイギリスの研究者の心をつかんだが、フランスおよびイタリアの中世学者の研究において土地市場というテーマが取り上げられることはなかったので、ただ一人イギリスのクリス・ウィッカムが中世イタリアの農村経済に関する研究に取り入れただけだったと記している。フランスでは雑誌『アナール』の動向の影響を受けた一部の歴史家、そしてイタリアではジョヴァンニ・レヴィのようなミクロストリアを信奉する何人かの歴史家がこのテーマに関心を寄せるにとどまった。スペインでは土地経済というテーマの導入が遅れたためにむしろその限界が強調され、「市場抜きでの取引」という表現まで用いられた。

エマニュエル・グルロワはオーヴェルニュ地方での土地取引について調査し、まず、こうした取引は土地そのものよりも、土地にまつわる収入、抵当、地代に関わるものであると指摘した。彼はまた、中規模面積の土地の中でさえ、価格には著しい不均衡があったと指摘し、十四世紀には経済の貨幣化がきわめて高水準にまで達していたにもかかわらず、不動産は依然、価値を蓄える機能を果たし続けたと結論づけている。

クリス・ウィッカムは、その論考の結論部で、土地取引には、経済的な要素と社会的な要素が入り混じっており、このような要素の絡み合いが封建制の特徴であると主張している。これは、ポーランドの偉大な歴史家ウィトルド・クラが、著書『封建制の経済理論』(ワルシャワ、一九六三、仏訳、英訳、イタリア語訳あり) において、別の時代の遠く離れた地域、すなわち十五—十七世紀のポーランドに関して見事に説明してみせたことでもある。さらに、ウィッカムによれば、中世ヨーロッパにおける封建制の相対的統一がいかなるものであれ、土地市場については封建制が地方間、地域間の多くの相違を覆い隠してしまったとされている。

第13章　托鉢修道会と貨幣

トゥールーズのジャコバン修道院（ドミニコ会）
（十三世紀）

先に予告したように、ここで托鉢修道会——この名自体が一つの問題になるが——と貨幣の関係というしばしば議論、論争の対象となってきた問題に立ち戻ることにしよう。十三世紀に創設されたこの修道会——ドミニコ会修道士とフランシスコ会修道士から成る——は、教皇司教団によって承認されていたが、司教による制約を受けずに活動し、異端と闘い、新約聖書に含まれるイエス＝キリストの模範と言葉を忠実に踏まえつつ、キリスト教圏、特に都市に定着しつつあった新たな社会をキリスト教の正統教義の中にとどめておくことを使命としていた。托鉢修道会が遭遇した主な問題の一つに、さまざまな貨幣、あるいは今日、およびこの試論で貨幣と呼んでいるものに頼る取引の発達と基本的キリスト教との関係という問題があった。

意志的貧困から市場社会への移行？

金銭との闘い、あるいは金銭との対話と呼びうるものに最も積極的に関わった托鉢修道会はフランシスコ修道会であった。その創設者アッシジの聖フランチェスコは商人の息子だった。自分が救済されるため、そして他の人々を救済へと導くための彼の反抗の中には、基本的観念および基本的行動方針として、金銭に対する闘いだけでなく、金銭の拒絶が含まれていた。そのため、ドミニコ修道会ではほとんど行われなかったのに、教皇庁の圧力のもと彼が築いた修道会においては、物乞いが行われたため、フランシスコ会修道士には「物乞いをする修道士」という名が与えられるようになったのである。聖フランチェスコとその一部の仲間は生活基盤として物乞いに頼るか、手仕事に頼るかで揺れることになったが、これは本書で取り上げる問題ではない。ここで重要なのは、金銭に対する托鉢修道士たちの態度である。というのも、彼らの態度が一つには本試論で検討しようとする歴史を明らかにしてくれるからであり、またもう一つには、近代および現代の歴史学において激しい議論の対象となってきたからである。アッシジの聖フランチェスコは修道会に規則を設けるようにとの教皇庁の命をうけ、一二二一年、この修道士の共同体のために、最初の規則を作った。教皇はその規則を修正するように命じたので、聖フランチェスコは指示に従い、一二二三年、別の規則を作った。この規則は教皇勅書によって認められた決定版となった。教皇勅書の中で機能しなかった章は「修道士の金銭受け取り禁止」――金銭は、「金銭あるいはドゥニエ(ペクニアム・アウト・デナリオス)」という語で表されている――という表題がつけられている。この章には、修道士は石に対するのと同じように、「金銭およびドゥニエ(ペクニア・エト・デナリイ)」に関心を持ってはならないと明記されている。この規則の決定版では、金銭の放棄に関する章では、直接的にであれ、また人を介して間接的にであれ、いかなる形でも「ドゥニエあるいは金銭(デナリオス・ウェル・ペクニアム)」を受け取ってはならないという厳しい(フィルミテル)禁止令を繰り返している。決定版ではこの章は最初のものよりはるかに短くなり、貨幣と石との比較は削られてはいるが、禁止事項は強い調子で繰り返されている。

筆者は『財布と命――中世の経済と宗教』において、十三世紀の教会がどのようにして善良なキリスト教徒に対して、金銭の使用（財布）と永遠の救済の獲得（命）との折り合いをつけようとしたか明らかにしようと試みた。この問題は主に高利貸付の概念と実践をめぐるものであり、そのことは本試論の他の章で既に述べた。ここで拙著に言及したのは、この中で本試論の中心をなす諸概念を定義しているからである。筆者は先の拙著において、今日われわれが、経済という特定のカテゴリー内容を設けるために独立させる現実を、中世の人々はわれわれとはまったく異なった形で捉えていたと主張した（二二一頁）。また拙著の中では、筆者が主に影響を受けた現代の偉大な経済学者、カール・ポランニー（一八八六―一九六四）――彼の名は既に挙げている――の研究を挙げつつ、時代錯誤を避け、中世社会における「経済」の機能を理解しようと試みた。特に筆者が引き合いにしたのは、ポランニーが、中世など古い社会の一部で、「経済が社会関係の迷宮の中にはめ込まれていた」のを明らかにしたその手法である。ここでポランニーの名を挙げたのは、彼の議論が本論考についても有効だからである。彼の示すさまざまな概念が、われわれが今日「金銭・貨幣（アルジャン）」と呼ぶ領域において、神学者も含め、中世の人々がどのように考えていたのか理解するのに助けとなる思考の基盤を与えてくれるのである。

近代、現代の何人もの歴史家の推測によれば、托鉢修道会、特にフランシスコ修道会は意志的貧困という発想をもとに、逆説的にも「市場社会」[1]の着想を与えるような概念を展開したとされる。ここでは、きわめて博識であるジャコモ・トデスキーニが、それにもかかわらず、主に依拠しているペトルス・ヨハネス・オリヴィの『購入、販売論』――本書は既に周知のもので、激しい論争を巻き起こした――の脆弱さを強調するにとどめ、この周縁的な論考は中世にはほとんど影響力を持たず、広く一般に表明されていた見解というよりもむしろ、規範からはずれた奇妙な考え方を提示しているとみなす人々に賛同したい。

十五世紀末に限ったこととはいえ、フランシスコ修道会が、多くの貧しい人々に生活に必要な最低限の金銭を与えるための融資機関を設けたというのは、確実かつ重要な事実である。新興貧困層は中世末期まで托鉢修道会、特にフランシスコ修道会の主たるターゲットの一つであった。ダニエラ・ランドは公営質屋を「抵当を保障し、少額の利子を支払うという条件で、都市の労働者階級に短期間での融資を保障するために創設された機関」[2]と定義している。こうした類の最初の機関は一四六二年、ミラノのフランシスコ会修道士ミケーレ・カルカーノの提唱によってペルージャに設置された。このような機関は北イタリア、ついでヨーロッパ全土に広まった。公営質屋の設置は一般に修道士、たいていはフランシスコ会修道士の説教をもとに始められ、次いで、その制度は都市権力によって整えられた。都市権力は初期費用を募金、寄付、遺贈などによって集め、経営者や業務に関わる規則を定めた。公営質屋の指導者は無償で融資を行おうとしたが、利子を約五％というきわめて低い水準に抑えることしか出来なかった。公営質屋は激しい非難を浴びることになった。その一部は高利貸しを行っていたからである。ここから、中世末期に至ってもなお、高利貸付の実践とそれをめぐる議論がどれほど盛んであったかが明らかになる。教皇レオ十世は、勅書『ムルティプリチェス・インテル』（一五一五）によって、公営質屋を有効と認めて論争に終止符を打った。

托鉢修道会の会計

金銭に対する托鉢修道会の考え方およびその実践はきわめて重要であるから、ニコル・ベリウとジャック・シフォローが主催した見事なシンポジウム『経済と宗教――十三世紀から十五世紀にかけての托鉢修道会の経験』（リヨン大学出版局、二〇〇九）の内容を踏まえながら、本章を締めくくりたい。ジャック・シフォローの結論を繰り返しながら、後に経済と呼ばれる領域において、一部の一般信徒の集団の中で新たに進められた活動に関して、ここでは托鉢修道会、とりわけフランシスコ修道会が行った実践の特異性を強調したい。こうした新たな習慣は、マックス・ヴェーバーが指摘したように、キリスト教信者の生活がある程度合理化したことに起因するものである。このような生活の合理化は、托鉢修道会以前に、古くからの修道院、大聖堂参事会ないし司教座聖堂参事会、司教の側近、そして何よりもまず教皇庁自体によって取り入れられたから、この方面において托鉢修道会は一部の人々が主張するほどには革新的な行動を取らなかったと言える。二〇〇三年、ローマで開かれた会議において強調されたように、特にこの枠組みにおいて、教皇庁会計院はそのさまざまな会計を統一しはしなかった[3]。新しい会計運用の中で、フランシスコ修道会は常にその主たる主張であった意志的貧困の原理を重視した。実際、ジャック・シフォローの言葉を借りれば、托鉢修道会の会計の実態は、今日では、商取引や税金の専門家の会計よりも素朴なものに映る[4]。それは、主に「食費、被服費、予想外の寄付および予測可能な定期的地代収入に対する負債を書き記し、定期的に修道会の貧困状態を確認する」ためのものであった。一三六〇年から一三八〇年にかけて、新たな管理体制が取られるようになったのに対して、托鉢修道会は基本的に、マックス・ヴェーバーが「救済の経済学」と呼んだような方向性へと進み続けた。例えば、既に紹介したパドヴァのスクロヴェーニ礼拝堂の建築および装飾に関するキアラ・フルゴーニの論考により見事に明らかにされたように、托鉢修道会の教会および修道院への出資は十四世紀に加速したが、それは主に生前の寄付、遺贈、および托鉢修道会の教会あるいは墓地への埋葬要望に起因するものであった。これは富裕な一般信徒による建築事業への投資とは全く性格を異にするものであった。ここで再びジャック・シフォローの言葉を借りることにしよう。「中世末期の托鉢修道会の壮麗な教会および豪華な建物は、一般に指摘されるほどには、修道士の生活の規則に反するものではない。それは、こうした建物とその調度品が実際には完全に修道士たちのものになることは決してないという単純かつ正当な理由による。托鉢修道会の修道院は、修道士たちだけのものではないのである」。ヨーロッパ全土における托鉢修道会の収入は、特に公債を管理するために都市あるいは君主権力によって設けられた地代によるものだったから、公共の利益の保護のもとに入り、修道士のものにも、都市あるいは君主権力のものにもならなかった。こうした修道士の収入すべてを指す「年金（ペンシオ）」という語は、何よりもまずそれが単に「食糧（ウィクトゥム）」と「衣服（ウェスティトゥム）」を提供すること――これは清貧の実践には反しない――であるという事実を強調するものである。さらに、托鉢修道士は代理人を介して地代とサンス地代の使用あるいは用益権を得ていたので、財産所有、および財産管理とは関わっていないと主張出来た。しかしながら、このような言い分に当時の批評家や今日の一部の歴史家は必ずしも納得していない。修道士は、意志的貧困の誓いに反するような一部の取引について、一般信徒の介入に頼る必要があったため、おそらくは説教よりも都市の一般的活動にはるかに深く関わった。その結果、彼らが都市部で牧会神学により強い効力を持たせるようになったのは注目に値する。これはおそらくは中世における貨幣の役割、社会および社会集団の形成への影響力の一例に過ぎない。貨幣使用は貨幣を使用する人々の間に絆――それ以外の方法によってはおそらく存在しないであろう絆――を作った、あるいはともかくも絆を強めたのである。十四、十五世紀には、人々は特に修道院への埋葬と死者への祈禱のためにフランシスコ会修道士に頼るようになり、こうした活動により、修道会の収入の半分近くがもたらされるようになった。死は貨幣化したのである。信仰は煉獄が設けられたことで広まり、きわめて少額ではあるとはいえ、金銭の形での寄付――大多数の教会に見受けられる柱あるいは「煉獄の魂の水盤」を用いて行われた――をうながした。早くも十二世紀初頭には、ホノリウス・アウグストドゥネンシスが、聖別化されたホスチアは救済に必要な貨幣とみなされると指摘している。これは明らかにホスチアの形から連想されたメタファーであるが、ここから中世において重要だったのは、われわれが今日金銭と呼ぶものではなく、名前も、価値も、起源もさまざまであるが広く流通し、新たな生活手段として台頭してきた貨幣だったということをよく表している。

十四、十五世紀における意志的貧困という問題は、労働の概念の価値が高まると同時に、托鉢修道会――とはいえ、この意志的な貧者たちは次第に托鉢を行わなくなっていった――の存在にもかかわらず、健康な物乞いが断罪される事例の増加という事態に直面することになる。

本書で示そうとした通り、この救済の経済学と、その社会的機能の中心には「恩恵、慈善、寄付」があった。シンポジウム『経済と宗教』はまた、アラン・ゲローの主張とは反対に、中世はリスクという観念を知った時代であり、托鉢修道士たちですら人間の活動に対する彼らの考え方の中に、ある条件下ではリスクが存在するという事実を組み込んだことを明らかにした。ただ、歴史家たちは宗教史を経済史と切り離して考えすぎているという最後の主張にはあまり同意出来ない。托鉢修道会、特にフランシスコ修道会と今日われわれが貨幣経済と呼ぶところのものとの関係の変遷からは、宗教と経済は切り離すべきではないが、中世において、経済――ここでポランニーの説を再び取り上げたい――は、宗教によって支配され、全体が活性化される人間活動の中に常に組み込まれていたことが分かる。筆者の考えでは、フランシスコ修道会の潜在的経済思想との関係性から考察を進めたのはジャコモ・トデスキーニのような優れた歴史家たちのミスである。なるほど、教会の教えと振る舞いには今日われわれが経済と呼ぶところのものに影響を及ぼすような教えと実践が含まれていた。しかし、中世には経済というものが認められないだけではなく存在しなかったのだから、フランシスコ修道会の考え方および振る舞いには別の意義があり、そしてまた、別のものを目指していたと言えよう。意志的貧困は経済的性格を備えてはいなかった。この意志的貧困はある倫理観に限定することも出来ないと思われる。それは、既に聖書と伝統が、神の怒りを買わないための、そして天国に居場所を確保するための行いをキリスト教徒に教え示している領域内での考え方、特に、神の目の前での態度なのである。教会の教えの解釈および活用によって、貨幣に確固たる地位が与えられていたのか、あるいは貨幣は必ずしも明確に捉えることの出来ない富の一要素に過ぎなかったのかという問いへの答えは、まさしくこうした態度の中にこそ求められるべきである。というのも、貨幣の社会的地位、そしてキリスト教徒の中での位置づけは、こうした態度から生じるものだからだ。筆者は依然、「富者(リッシュ)」という語が次第に用いられるようになったとしても、中世の考え方は、基本的には権力者と貧者という中世初期以来の二項対立が保持されていたと考えている。一部の宗教的動向、特に托鉢修道会は、どのような考え方で、そしてどのような言葉を用いてこの問題を扱っているかより明確にするため、「貧困」という伝統的な言葉の他に、「意志的貧困」という語を登場させた。意志的貧者に対して求めるべきは経済的態度ではなく、生き方、そして考え方なのである。

第14章 ユマニスム、メセナ、金銭

ロレンツォ・デ・メディチ
（十六世紀。作者未詳）

われわれは中世初期以来ヨーロッパの主要な経済勢力となった教会が、特に十三世紀から貨幣流通の急増に、そしてかなり巧みに順応していったのを確認した。われわれは金銭と托鉢修道会、特にフランシスコ修道会との関係に注目したが、それはこの修道会が十三世紀に出現した時から、早くも金銭の役割と価値をめぐる激しい論争の焦点となっており、そして今日の歴史書においてもいまだにその状況が変わらないためである。しかし、さまざまな聖職者集団の間に相違が認められるとしても、そして時代の流れの中での教会全般、そして特に教皇庁、修道院、托鉢修道士の態度の変化にともなう相違が認められるとしても、全体としてはこうしたさまざまな教会の集団の中に表されるキリスト教の精神は、程度の差こそあれ、金銭に対するためらい、さらには反感すら抱いていたと言える。教会は中世のあらゆる分野において絶大な権力を持っていたから、教会が金銭を警戒していたことが、少なくとも十四世紀に至るまで思想家だけでなく、一般の人々にも影響を与えた。十四、十五世紀にはヨーロッパのキリスト教徒は変化し、一部の歴史家は、本当の意味で金銭に対する態度を変えたとみなしている。富者の定義がこの時期に根本的に変わったのか、そして富が金銭と同化したのかという点についてはは確かではないが、中世末期に現れ、ユマニストと呼ばれた少数の文化的・社会的エリートの中でこうした変化が生じたことは否定出来ない。筆者はこのような精神的・文化的変化の主たる出発点は商人に対する態度の変化であったと考えている。教会はかなり早い時期に、まず地獄堕ちが避けられないとされた商人について、その有用性を認め、一部の価値観——十三世紀には正義の要請に収斂された——を守るという条件で、受け入れた。アンドレ・ヴォーシェは十三世紀に顕在化した商人の復権のプロセス——通常、その証拠として、既に取り上げた人物であるが、クレモナのラシャ商人で一一九七年に亡くなったホモボヌスが一一九九年列聖されたことが挙げられる——は、教会が「ビジネス」を尊重し、その結果として次第に金銭を尊重するようになるまでの道に等しいということをはっきり示している。(1)

最初のユマニスム

商業、銀行業、高利貸しと関連するあらゆる活動への教会の徹底的な断罪から、金銭欲という罪、すなわち「強欲(アウァリティア)」に属する活動のみの断罪への移行プロセスは、あまりはっきりしない場合がある。実のところ、「強欲」は十二世紀以来、公式に七つの大罪の一つと認められていたものの、ゆっくりと黙認されるようになり、一部のユマニストの先駆者の間では、金銭の富も含めて富が礼賛されるようになったのである。

ニコル・ベリウは、十三世紀の説教師の間では金銭への愛に「ヴァリエーション」があることを示し、「悪徳と美徳の間で揺れる金儲けの精神(2)」に関する論考の中で状況を的確に明らかにした。そこでは、金儲けの精神はさまざまな形で攻撃されている。貧しいダミアンにマントの半分を与えた聖マルティヌスのような伝統的なイメージはその例である。高利貸付はしばしば一つの盗みとして捉えられた。これは聖アンブロジウスによって既に用いられ、十二世紀中葉には『グラティアヌス教令集』に取り上げられた考え方である。説教師はしばしば貧者、すなわち十三世紀のキリスト教におけるこの新たな英雄に不利益を与えるのではないかとの考えから、邪悪な富者を断罪した。高利貸しは貧者の殺人犯とみなされた。しかしながら、ニコル・ベリウは「神学者同様、説教師も経済を独立した考察の対象とは考えていなかった」と主張している。彼らの目的は、宗教的次元のもので、金儲けは罪、あるいは少なくとも人間性の欠点の一つとして示された。キリスト教徒の生活は金銭という物差しで測られるものではない。この時代の説教師によって強調されているのは、神の愛は無償だということである。

最初のユマニストの金銭に対するこのような態度は、十四世紀にすぐに示されはしなかった。パトリック・ジリは、当時のユマニストは一般に、フランシスコ会修道士の中で貨幣による富を最も厳しく軽蔑する人々のとる金銭否定の立場にくみしていたとさえ述べている。彼らの立場はしばしば、比較的寛容であった聖トマス・アクィナスと比べると後退している場合が多い。というのも、聖トマス・アクィナスは、貨幣による富も含め、富に対して、この世の人間が物事を行う上で最低限の、しかし実質的な価値を認めていたからである。金銭に対する嫌悪感は特に、ボッカチオに認められる。というのも、彼は一三五五年から一三六五年にかけて執筆された論考『あの財産、この財産の治療法』において次のように述べているからである。「金銭を愛するのはしみったれた精神の持ち主であることの証拠だ」。こうしたユマニストたちが好んで参照する古代の思想家の中では、特に金銭の敵であったストア主義の哲学者、セネカが参照された。しかしながら、十五世紀初頭には、変化あるいは重大な転換期が訪れた。富が人間に与える利益を最初にはっきりと主張したのは、ヴェネツィアのユマニストの貴族、フランチェスコ・バルバロ[*1]である。これは、一四一五年に執筆された結婚論『妻の務めについて』においてのことであった。金銭に対するユマニストの態度が変化する上でヴェネツィアの社会は重要であったとはいえ、本当の意味での大きな転換の中心地はヴェネツィアよりもむしろフィレンツェであった。思想家にして政治家であったレオナルド・ブルーニ[*2]は、コジモ・ディ・メディチに献呈された偽アリストテレスの『経済学』のラテン語訳序文において富を礼賛している。新たな心性の頂点は、一四二九年頃執筆されたフィレンツェのポッジオ・ブラチオリーニ[*3]の『強欲論』、そしてとりわけ、偉大な建築家にして美術理論家であったレオン・バッティスタ・アルベルティが一四三七年から一四四一年頃にかけて執筆した『家族の書』に見出される。アルベルティは、ヴェネツィアとパドヴァで学問を修めたが、特に、フィレンツェの名家の一員で、フィレンツェの大聖堂の丸天井を造った有名な建築家ブルネレスキと大変親しかった。アルベルティはその論考の中で次のように断言しさえしている。

＊1 Francesco Barbaro (1390-1454). ユマニスト、政治家、外交官。ヴェネツィア共和国に仕えた。
＊2 Leonaldo Bruni (1370?-1444). フィレンツェのユマニスト、歴史家、翻訳者、政治家。
＊3 Poggio Bracciolini (1380-1459). フィレンツェのユマニスト、作家、思想家、政治家。

金銭はあらゆるものの源であり、誘惑であり、糧でもある。金銭はあらゆる職の中枢をなすものだから、金銭を潤沢に有する者はあらゆる必要から逃れることが出来る。

しかしながら、アルベルティの見解が行き過ぎていること、そして金銭への新たな追従者はエリート、あるいはむしろ少数派であったことを看過してはならない。トマス・アクィナスの系譜に位置づけられるピサのジョルダーノは十四世紀、フィレンツェで行った一連の説教の一つにおいて、聖職者の間だけではなく、ビジネスの世界でさえ最も広く流布していた見解を表明したと考えられる。

アリストテレスは、富には二種類あり、一つは自然のもの、もう一つは人工的なものであると述べている。自然の富は畑やぶどう畑の富であり、これを耕す者とその家族の生活の糧を保障してくれる。これは最も美しい富であって、いかなる非難も招くことはない。そして多くの都市はこの富で輝いていた。人工的と呼ばれる富は、製品を生み出す富で、そこからは金銭が生じる。都市にはこのような富もあふれているが、大多数の都市は高利貸付を避けられずにいる。これは最も邪悪な富である。高利貸しになる者は恥ずべき者、邪悪な者、裏切り者、堕落した者になるのである。

アルベルティやブルーニが何と言おうとも、中世には金銭は好まれなかった。プロテスタンティズムと金銭の関係についてのマックス・ヴェーバーの考え方には、おそらく最終的には正しい面もあるのだろうが、異論の余地がある。しかし、これは内部での関係の問題というよりも、時代の問題であるように思われる。十六世紀には宗教改革が起こり、本書において後で確認するように、資本主義の祖型が見出されるようになるのである[3]。

メセナ

人間の生活の中で、中世の人々の考え方、振る舞いがわれわれと根本的に異なっている領域があるとすれば、それはまさしく芸術の分野である。周知の通り、「芸術(アール) art」という語が現代のような意味を獲得するのはようやく十九世紀に入ってから（ドイツ語の「芸術 Kunst」に次いで）、そして「芸術家 artiste」という語が完全に「手工業者 artisan」という語と切り離されるのは、十八世紀末、「手工業者」と「自由学芸に携わる者」との区別――もっとも、古くからの慣用が継続されただけであるが――が消えてからのことなのである。

しかしながら、こうした考え方が存在しなかったとはいえ、中世の有力者たちが、今日われわれが芸術作品と呼ぶものを今日われわれが芸術家と呼ぶ制作者に注文しなかったわけではない。長い間、最も壮麗な建築物――教会や城館――の建造は、宗教的感情や神を讃えようという意志によるものだと見なされてきた。そして、教会建築は、敬虔なキリスト教徒が自分たちの手で作業したり、農奴あるいは自由農民を働かせたりして生み出したもの、そして城館建築は領主に対する臣下の義務によるものとしばしば考えられてきた。しかし、ごく限られた例外をのぞいて、事態は異なっていたことがかなり前から明らかになってきている。また既に指摘したことだが、アメリカのヘンリー・クラウスの見事な研究によって、大聖堂の建築費用は、石材の購入費用や、建築家および労働者へ支払う給与のために高くついたことも判明している。しかし、特に十二世紀以降、石材に代わって木材が使用されるようになり、絵画や彫刻が洗練されたのにともなって、最も支出が増加した、つまり貨幣需要が増加した部門の一つとして、われわれが芸術庇護活動と呼ぶものが挙げられる。忘れてはならないが、ウンベルト・エーコが示した通り、中世において、美の概念の確立はゆっくりとしか進まず、メセナの中で商人たちが非常に名誉ある立場に立っていたが、彼らは自らの富を顕示したいというよりも、むしろその社会的地位の向上を示したかったのである——とはいえ、規模の小さい作品はたいていの場合商品となったのだが。これまで最も研究の対象となってきた事例は、十四世紀、アヴィニョンで教皇、枢機卿およびその取り巻きの邸宅が希少本、絵画、タピスリーを販売した時の例である。しかし、マルク・ブロックが示したように、必要に迫られた場合、あるいは単なる思いつきで、芸術作品の所有者が作品を溶解して貴金属を調達しさえしたのも忘れてはならない。これは経済生活の中では周縁的な活動であったが、中世の人々が手工業から生まれる製品でしかないものには無関心だったことを特によく表している。なるほどルネサンスに近づくにつれ、メセナの数は増え、経済活動はこれまで考えられてきたような前資本主義的性格をいまだ獲得していなかったとはいえ、銀行業者と呼ばれる人々、中でもイタリア人は、その威信を自らの商業収益に求めることをやめ、政治活動、そして芸術庇護活動のうちに求めるようになった。その最も輝かしい例は、おそらくはメディチ家である。同家の最初の高価な墓のモニュメントは、一四二九年に亡くなったジョヴァンニ・ディ・ビッチ・デ・メディチの大理石製の棺であるが、その曾孫ロレンツォ・イル・マニフィーコ（一四四九—九二）はもはや銀行業者としてではなく政治家およびメセナとして知られていたのである。

贅沢品市場

貨幣需要を発生させたのは、おそらく芸術庇護活動よりも贅沢品の発達であった。十五世紀には再び奢侈取締法が発令されたが、こうした豪奢の誇示をうまく制限することにはあまり成功しなかった。当時、やはりイタリア、特にフィレンツェが、新婦が支度一式や贈り物を入れておく結婚の（小）箱の一大生産地であった。特に十五世紀はタピスリーの時代で、この方面では、フランドル地方とオランダの諸都市、アラス、リール、ブリュッセルなどが実に気前よく金を出し、他を凌駕していた。既に確認した通り、教会、特に再編された托鉢修道会であるフランシスコ会原始会則派の努力にもかかわらず、新たな文学の趣味と新たな心性の誕生によって奢侈の発展は助長された。中世末期は初期ユマニストの時代であった。奢侈および奢侈を好む気質が広まったにもかかわらず、十五世紀には、十三世紀末、新たに奢侈を好む人々――領主よりも富裕な中産市民ととりわけその妻――が出現した時に発令されたような奢侈取締法が再び盛んに発せられるようになった。金銭・貨幣（アルジャン）に注目しようとする場合は、必ず社会史を参照する必要が生じる。十五世紀には、奢侈取締法は、十四世紀の一部のイタリアの都市条例のように一般に特別な社会カテゴリーをねらったものではなく、社会全体を対象としたものであった。特に興味深い事例は十五世紀初頭のサヴォア伯であり、かつ、大シスマ末期の激動の時期、一四三九年から一四四九年にかけてフェリクス五世の名で教皇を務めたアメデ八世の発した奢侈取締法である。彼が一四三〇年に発令した奢侈取締法は、おそらくはこうした規則を発令した多くの支配者、国王、君主、都市の思想を表していると言えよう。この法律は支出や金銭の使用を抑えるという意図を超え、君主あるいは組織に仕える人々のあるべき振る舞いを定める正真正銘の規則であった。例えば、娼婦の禁止が定められていたり、当時の災厄――ペスト、嵐、地震、飢餓――の原因とされる不敬が禁じられたりしていた。金銭使用の制限は、公爵を頂点、農民を底辺に位置づける社会階層に適用された。この法律の核を成す衣服の規制は、衣服の性格だけでなく、装飾品全般、生地の質、毛皮、衣服の裁断の仕方、そしてもちろん帽子にも及んだ。装飾品、宝石、金銀の使用は厳しい監視の対象となった。奇妙なことに、現代人がモードに関わるとみなすようなあり方が、道徳の観点から検討されているのである。最も興味深いのは、おそらく衣服の長さが社会階級によって決められていることだろう――長い衣服が短い衣服に勝るとみなされていた。サヴォア地方の人々の生活はすべて、こうした法規によって規定、監視されていた。特に結婚、埋葬、饗宴についてはそうだった。法律の二章分が、こうした規則が守られなかった場合の罰および罰金に関わるものであった。こうした規則はすべてが適用されてはいなかったとはいえ、その厳しさは長期にわたってサヴォア地方の人々および現在のスイス西部の住民の心性に多大な影響を与えた可能性があるという仮説が示されている。アメデ八世は、奢侈取締法をもってカルヴァンの先駆者だったのだろうか。(4)

十四、十五世紀における贅沢品市場の発達を示す工芸品の中には、パリの象牙、ノッティンガムのアラバスター製の工芸品、真鍮の工芸品、アラスのタピスリーがあった。とりわけ、ジャック・クールは工芸品の売買を行った。フィレンツェの中産市民は洗礼堂の扉の装飾をめぐって競い合った。こうした外見に関わる奢侈に対して革命的破壊活動が発生した。おそらくその中で最も華々しく、かつ有名なのは、フィレンツェでドミニコ会修道士サヴォナローラが起こしたものであろう。これと同じような豪奢、そして異国の希少で高価な製品に対する好みは、単なる食事から美食への移行とともに、十四、十五世紀に食生活の領域で成し遂げられようとしていた変革の中にも見出された。中世の領主たちが味わった香辛料よりも新しい贅沢食品が、より幅広い社会階層に浸透した。中世末期は美食の時代であり、この美食への好みを満足させるべく、多くの金がかけられた時代だった。このように新たに出現した高価な食品の中で、特に好まれたのが、砂糖と地中海の柑橘類である。

十四、十五世紀のこうした新たな出費部門の一つとして、聖地巡礼を挙げなくてはならない。これは、イスラム教徒によるパレスチナ再征服以来、敬虔なキリスト教徒にとって、十字軍運動に代わるものとみなされた。十字軍運動の精神の中でしばしば重要とされる要素は、戦争によって土地そして他者の財産を我がものとしたいという欲望であった。この欲望は、戦争が聖なるものであるだけに一層強められた。巡礼はまさしく反対の財政的展望、すなわち巡礼は高くつくという財政的展望の中に位置づけられた。次に挙げるのは、聖地への巡礼の後、一四三一年、イタリアの巡礼者マリアノ・ダ・シエナが記していることである。

金がなければ巡礼はするな。[5] 金なしに巡礼する者はのこぎりで二つに切り裂かれるか、他の巡礼者が代わりに支払うか、信仰を捨てなければならないだろう。

第15章 資本主義か愛徳（カリタス）か

セビリアのインド通商院文書館
(旧カサ・デ・コントラタシオン)

中世に欠けていたもの──資本主義

三人の一流の思想家が、十九世紀から二十世紀にかけて資本主義とは何か定義しようとした。彼らの立場はごく最近、フィリップ・ノレルの非常に興味深い著作において紹介された[1]。ノレルによれば、ブローデルは資本主義のうちに市場経済とは異なるものを見出しているとされる。資本主義は、特に政治権力の束縛に抗して大都市の物資供給を確保すべく台頭してきた卸売業者集団の出現、および彼らの社会的地位の向上にともない、誕生したというのである。これは経済組織の制度というよりも、ある一つの精神状態、規制回避のための一連の実践であるというのである。ブローデルによれば、このような現象は早くも十三世紀には現れていたとされるが、本論で示した事例からは、筆者がこうした中世の資本主義が実在したとは考えていないことが分かるだろう。

やはりノレルによると、マルクスは資本主義を真の生産様式とみなしていたとされる。資本主義は歴史上、中産市民および貴族が生産様式を私的に所有するようになった時に出現するというのである。マルクスは、資本主義的生産による収益が十二世紀から十五世紀にかけてきわめてゆるやかに認められるようになったとしても、それが本当の意味で重要性を帯びるのは十

六、十七世紀になってからのことだと考えている。このような考え方は、少なくとも筆者には中世は資本主義の埒外にあったとみなしている点で優れていると思われる。資本主義について論じた思想家として、ノレルが三人目に取り上げているのは二十世紀初頭に活躍したマックス・ヴェーバーである。ヴェーバーは、資本主義を、あらかじめ十分な額の資本を準備し、実現可能な利益を目指す経済組織と定義している。マックス・ヴェーバーはこのような組織は十六世紀に出現し、十六世紀から十七世紀の間に構築されたとしている。周知の通り、マックス・ヴェーバーは加えて、異論百出の見解、すなわち、プロテスタント宗教改革がこの資本主義の誕生、あるいは少なくともその発達に影響を与えたのではないかという説を示している。ここでもまた筆者にとって重要なのは、十六世紀以前には資本主義について論じることは出来なかったとしている点である。こうした考え方に、ブローデルときわめて関係の深いアメリカの歴史家、イマニュエル・ウォーラーステインの考え方を加えるべきであろう。ウォーラーステインによれば、資本主義はブローデルが世界=経済と呼んでいるところのものと関係があるとされる。そして、ヨーロッパが世界=経済と結びつけられるようになるのは一四五〇年頃のことであり、これこそ資本主義が誕生した時だというのである。

それでは、中世ヨーロッパに存在しなかった資本主義の構成要素とは何だと筆者はみなしているのか。第一に、貨幣鋳造を可能にする貴金属、あるいは中国人が既に用いていたような紙幣が十分かつ定期的に供給されることである。しかるに、既に確認したように、中世は何度も貨幣不足の淵に立たされており、十五世紀に至ってもなお事情は変わらなかった。周知の通り、クリストファー・コロンブスは、エルドラード——彼はこれをインドとみなしていたものの、実際にはアメリカ大陸だった——という半ば神話的な着想を抱いた時、何よりもまず、キリスト教圏の欲望を満たすような黄金の国をイメージしていた。実際には、資本主義の第一の要件が満たされたのは、アメリカ大陸が発見され、金銀といった貴金属がヨーロッパに定期的に大量に運び込まれる——その規制はヨーロッパでは、十六世紀にセビリアのカサ・デ・コントラタシオン〔インド通商院〕を介して行われた——ようになってからのことなのである。資本主義定着のための第二の条件は、大市やロンバルディア商人によっては不完全な形でしか規制されないために、貨幣の使用が細分化されている複数の市場に代わり、統一市場が登場することであった。しかし、統一市場が設置されたのは十六世紀になってからのことであり、しかも順次国際化が進められたため、全面的に完成されたわけではなかった。第三の条件——筆者が決定的条件とみなしているものだが——は、十五世紀のアントワープでは広く認知されるに至らなかったが、ようやく一六〇九年にアムステルダムで定着した機関、すなわち証券取引所の登場である。

「愛徳（カリタス）」の重要性

ここで、中世に資本主義、あるいは前資本主義の存在すら否定した歴史家から、おおむね筆者が賛意を示すことの出来る考え方、そして中世の価値概念を違った観点から検討する傾向にある考え方を取り上げてみたい。この体系の中では、「愛徳（カリタス）」の概念を重視すべきであり、中世の貨幣経済に関係のある類いの経済を定義しようとするなら、それは贈与の領域に求めるべきであると思われる。

中世学者の中では、アニタ・ゲロー＝ジャラベールが、中世西洋社会における「愛徳（カリタス）」および贈与の重要性を最も的確に明らかにしていると思われる。[2] 彼女は中世西洋社会は宗教と教会によって支配されていたと指摘しており、この点において、ポランニーと意見を同じくしている。というのも、ポランニーは、中世には独立した経済は存在しておらず、宗教に支配された全体の中に組み込まれていたと主張しているからである。つまり、金銭（アルジャン）・貨幣は中世の西洋において経済的実体ではなかったのである。金銭（アルジャン）・貨幣の性質およびその使用はそういった考え方とは別の考え方に属していた。アニタ・ゲロー＝ジャラベールは、『ヨハネの福音書』（第五章、四節、八節および一六節）に従えば、中世社会を支配する神は「愛徳（カリタス）」であるとし、加えて次のように述べている。「愛徳はキリスト教徒としての資質が測られる項目とみなされていた。愛徳に反して行動することは、神に背いて行動することであり、当然のことながら、愛徳に反する罪は、長い間最も重い罪とみなされた」。このような観点によれば、なぜ、金銭が重要な役割を果たす実践、すなわち高利貸付が、最も重い罪の一つとして罰せられるのかもよりよく分かるだろう。しかしゲロー＝ジャラベールはまた、愛徳はただキリスト教徒にとって至上の美徳というだけではないと説明している。愛徳はまた至上の「西洋的な社会的価値」であり、そのことをペトルス・ロンバルドゥスとトマス・アクィナスの著作からの引用をもって証明している。それだけではない。愛徳はまた愛情と友愛をも含んでいる。ゲロー＝ジャラベールは、友情、愛情、「愛徳（カリタス）」、平和が古代ローマに存在し、また現代にまで残っているとしても、中世において、こうした語と対応していた現実は、現代のものと全く同じわけではなかったと強調している。これらは「相異なる社会論理」であり、それぞれに一貫性があった。「愛徳（カリタス）」一般、そして特に金銭・貨幣（アルジャン）――中世には貨幣に限られていたが――は、歴史家からすると同じ経済プロセスと結びつけられるものである。繰り返しになるが、中世の「金銭・貨幣（アルジャン）」に関して近代の歴史家が犯した過ちは、時代錯誤に気がつかなかったことに起因する。「愛徳（カリタス）」は中世の人と神、そして中世のすべての人々をつなぐ重要な社会的絆であった。トマス・アクィナスは幾度となくこう述べている。「愛徳はすべての徳に形相を与えるという限りにおいて、あらゆる徳の母である」(『神学大全』一—二、第六二問、回答四[3])。

それはどのような類いの経済なのだろうか。アニタ・ゲロー=ジャラベールは明瞭かつ説得的に、それが一種の贈与経済であると示し、キリスト教圏の社会的規範において、「最も優れた贈与とは人々の心に愛徳を注ぐ神の人間への愛である」としている。それゆえ、既に示した通り、ゲロー=ジャラベールが中世において金銭に頼る可能性が正当化される主たる行為は施しだったとみなしているのも、何ら驚くにはあたらないのである。施しは一般に教会を介して、そして教会の管理のもとで行われたから、貨幣使用を含め、中世社会が機能する中で、教会がやはり支配権を握っていたことが分かる。したがって中世における貨幣普及という問題は、贈与の拡大という文脈の中に置き直す必要がある。ジャック・シフォロー[4]は中世末期において、商業および貨幣使用の拡大は土地所有者による徴税額を大幅にしのぐ自発的贈与の増大と同時に起こったと指摘している。したがって、アニタ・ゲロー=ジャラベールはポランニーの見解に賛意を示し、例えばスコラ哲学者の間での経済思想について論じるよりも——というのも、〔経済は〕当時存在しなかったのだから——、商業および物質的富を「依然、『愛徳(カリタス)』に従う価値体系の中に」しっかり組み込む必要性を主張した。

一方、アラン・ゲローは貨幣価値に対するこうした見解の相対的変化は価格確定にも関わるものであったと指摘している[5]。この問題に関する教会の考え方に対応する「正当価格」には三つの特徴がある。一つ目の特徴は、地域ごとに定められているということである。これは例えば、十三世紀に神学者ヘールズのアレクサンダー[*1]が主張していることである。正当価格とは通常、ある地域で用いられている価格である。第二の特徴は、取引に用いられる価格が安定しており、公共の利益にかなったものだということである。これはアラン・ゲローが示している通り、「通常、需要と供給の競争、自由展開の理念によって理解していることとは正反対のもの」なのである。第三の特徴は「愛徳（カリタス）」を参照するということである。アラン・ゲローは、ギヨーム・ドーヴェルニュ[*2]、ボナヴェントゥラ、トマス・アクィナスなど、十三世紀の偉大な神学者は皆、「正義（ユスティキア）」をもとにした正当価格の理念は正義と同様、「愛徳（カリタス）」に基づいたものだと主張しているとしている。

＊1　Alexander of Hales（1185-1235）. スコラ哲学者、フランシスコ会修道士。
＊2　Guillaumes d'Auvergne（1190-1249）. ギヨーム・ド・パリと呼ばれることもある。神学者、パリ司祭。聖王ルイの贖罪司祭だった。

こうした考察を考え合わせると、中世については十五世紀末に至るまで、資本主義、さらには前資本主義でさえ問題には出来なかったということになる。資本主義に認められる諸要素が出現したのはようやく十六世紀になってからのことなのである。つまり、十六世紀以降、アメリカ大陸から貴金属が潤沢にもたらされたこと、証券取引所、すなわち「有価証券、商品、サービスが取引される組織化された公共市場」――『文化辞典』の定義による(6)――が出現したことである。

しかし、この『文化辞典』の中で、アラン・レイは次のように指摘している。「西ヨーロッパでは、十八世紀末に変化が起こった」。そして啓蒙の時代の著述家ギヨーム＝トマ・レナル*1が一七七〇年に刊行した『哲学史』第三巻、第一章から明晰性に満ちた一節を引用している。つまり、筆者が『長い中世(7)』において既に示した通り、十六、十七世紀に重要な革新が行われたにもかかわらず、今日われわれが金銭(アルジャン)・貨幣という語で示す分野では、経済という概念が誕生する十八世紀に至るまで続く「長い中世」という問題の立て方が出来るということである。

＊1　Guillaumes-Thomas Raynal (1713-96). 著述家、思想家、司祭。代表作『両インド史』など。

ここで解説したような見解――それらについては、おおよそのところで筆者も同意している――は、時折極端、あるいは過剰な域にまで押し進められるとはいえ、きわめて独創的で、多くの人々の検討の対象となったある著作に示されていることを指摘しておきたい。その書とは、現代のスペインの文化人類学者、バルトロメ・クラヴェロが一九九一年にミラノで刊行したものである。本書の仏訳は一九九六年、パリで出版され、その際、筆者による序文が添えられた(8)。クラヴェロの論考は、十六世紀から十八世紀を対象としたものであるが、考察の出発点を中世の高利貸しとしている点において、中世を扱った重要な序章を含んでいると言える。クラヴェロは中世の高利貸しとその心的環境および実践を取り上げた歴史家は皆、その研究の路線を誤っているとしている。彼らは現代世界、現代の諸現象、考え方、語彙から出発して、それらを中世に置き換えているのだが、それらは中世においては未知のもので機能しておらず、したがって何も明らかにしないのである。こうした歴史家たちは、時代錯誤、特に資本主義の魅力に考えが曇らされている。というのも、資本主義は必然的に、経済思想および経済実践の終着点として、中世の人々の態度をわれわれが経済と呼ぶところのものに引き寄せる磁石になってしまっているからである。クラヴェロは何人かの経済学者に依拠している。まず、筆者同様、ポランニーに依拠するのみならず、ベルンハルト・グレトゥイゼンやE・P・トンプソンの考えに基づいている面もあり、さらにはマックス・ヴェーバーも一部参照している。クラヴェロは中世には経済は存在しないとみなしているが、社会秩序についても、権利は最重要のものではなかった。権利以前に、愛徳、友情すなわち「相互の好意」、そして正義があり、愛徳が正義に勝っていた。封建社会では、利益の概念は何よりもまず教会法によって規定されるものであり、時代が下るにつれて銀行業に関わるものとなったが、中世には銀行は「周縁で行われた活動」に過ぎなかった。ギリシャ語で利益を指すantidoraは、聖書に由来する「対抗贈与」を意味する語であり、人間社会と神との関係を定めるものである。クラヴェロは文字通り「経済は存在しない」と主張し、「あるのはただ愛徳の経済だけだ」との修正を加えている。この体制の中で、現代の事象と比較しうる唯一の事象は倒産だった。というのも、中世において銀行と呼ばれた大多数の施設は倒産したからである。金銭、あるいはむしろ貨幣について言えば、「硬貨は愛徳の表現である富のやり取りに使用された」。筆者の考えでは、クラヴェロの論考の中でおそらく最も興味深いのは、過去の人々を現代人とは異なっていると認めることのできない大多数の現代人——歴史家を含めて——を断罪していることである。中世における金銭についての研究の重要な教訓は、歴史学においては時代錯誤が悪影響を及ぼすということである。

ありがたいことに、筆者の主たる主張はある現代の経済学者による研究の中に見出される。この経済学者は、「中世は資本主義が始動した時代とはみなし得ない」と示そうとし、さらに次のように加えている。「実際、ようやく一六〇九年になって、オランダでこうした合理化を進めた最初の経済学者ステヴィン[*1]によって最初の総括が必要だと主張されたのである」(9)。

＊1　Simon Stevin (1548-1620). フランドル地方ブルッヘ出身の数学者、物理学者、会計学者。

結論

両替商を描いたステンドグラス
（十三世紀。シャルトルの大聖堂）

カール・ポランニーによれば、西洋社会における経済は十八世紀まで何ら特徴はなかったとされる。西洋の経済は彼が社会関係の迷宮と呼ぶものの中にはめ込まれていたというのである。[1]このような主張は、アリストテレスから引き継いだ家内経済という意味合いをのぞいては、経済の概念を入り込ませないような中世のさまざまな考え方にも当てはまるように筆者には思われる。本書では、金銭についても事情は同じであることを示そうとした。本書で用いられている意味での argent、すなわち、貴金属とは違う意味での「金銭・貨幣（アルジャン）」という語の定義は難しい。序で触れた通り、アルベール・リゴディエールは、「金銭・貨幣（アルジャン）」という概念は定義しようとするといつもするりとわれわれの手から滑り落ちてしまうといみじくも述べている。主要な辞典もこの語に明確な定義を与える難しさについて証言している。「あらゆる貨幣、そこから拡大して貨幣を代表するもの。blé, oseille, pognon〔いずれも「金」の意〕など数々の俗語をのぞいたとしても、資本 capital、資金 fonds、財産 fortune、通貨 numéraire、現金 pécune、収入 recette、財源 ressource、富 richesse など多くの語がこれに当てはまる」（『プティ・ロベール』二〇〇三年版）。

中世には「金銭・貨幣（アルジャン）」という語の概念がなかったという事実は、特定の経済領域だけでなく、経済学説や経済理論も存在しなかったということと関係があるはずである。スコラ神学者や托鉢修道士、特にフランシスコ会修道士が経済思想を持っていたとする歴史家は時代錯誤を犯している。一般に、中世の人々は、個人の生活、および集団生活のさまざまな領域において、われわれにとって「異邦人」と映るような振る舞い方をするため、現代の歴史家は文化人類学的な視点から照らし出すことを余儀なくされる。こうした中世の「異国趣味」は特に貨幣の領域で確認される。現代のわれわれが貨幣について抱いている考えを捨て、中世には複数の貨幣が存在したという実情を理解しなければならない。というのも、中世には複数の貨幣の鋳造、使用、流通が急増したからである。十四世紀以前には十分な数値的資料がないため、われわれはその規模を測ることはできないし、ある資料に示される貨幣が金属の貨幣なのか、計算貨幣なのか分からないこともしばしばである。

こうした意味での貨幣は、特に十二世紀以降、マルク・ブロックが第二の封建時代と呼ぶ時代に急増し、いわゆる封建制の諸制度および実践にも浸透していった。貨幣と封建制を対置させるのは、歴史的現実に即しているとは言えない。貨幣の発達にともない、中世の社会生活全体が変化した。貨幣は都市と密接な関係を持っていたが、それでも農村で広く流通しなかったというわけではなかった。貨幣は商業の発達の恩恵を受けたのであり、これこそ、北ヨーロッパも含めてこの領域でイタリア人が重要な役割を果たした理由の一つなのである。中世における貨幣使用の発達は、君主および国王の行政組織の構築とも関連づけられる。というのも、収益の必要に迫られて、程度の差こそあれ、正金で支払われる税制がうまく整えられたからである。中世には貨幣の影響力が複数の貨幣という形で増大していったものの、こうした貨幣の使用がさらに為替手形や年金といった別の交換手段、支払い手段に取って代わられるようになったのは十四世紀以降とかなり遅く、しかも限定的だった。さらに、中世末期には減少したようではあるが、金の地金という形のみならず、とりわけ宝物、金銀細工製品の形での蓄財も依然、存在した。

商人の社会的地位、精神的地位がある程度向上したのと並行して、中世の人々の財布も生活も、つまり地上での富も永遠の救済も守ろうとした教会が、貨幣に対する考え方および実践を変えたのもまた明らかである。特定の概念が存在しないとはいえ、経済のような領域は聖職者と一般信徒が持っている――あるいはむしろ持っていなかったのかもしれないが――意識の埒外に存在するのだから、筆者は中世の貨幣使用は贈与経済に含まれ、貨幣は神の恩寵への人間の全面的な服従に関わっていると考えていることをここで繰り返しておきたい。この点において、中世におけるこの世での貨幣使用を支配する考え方は二つあったと思われる。つまり、特に正当価格理論に見出されるような正義の追求、そして「愛徳（カリタス）」によって表される精神的要求である。

おそらく中世の間に、教会は一定の条件の下に金銭・貨幣取引に携わる人々を復権させるに至ったのだと思われる。そして十四世紀末から十五世紀には、前ユマニストと呼ばれる人々から成るごく少数のエリートたちの間で、富、特に貨幣の形の富が名誉挽回した。金銭・貨幣は呪われたもの、非道なものではなくなったとはいえ、やはり中世を通していかがわしいものと見なされ続けた。最後に、何人もの著名な歴史家が行ったように、資本主義が誕生したのは中世ではなかったこと、また中世は前資本主義的時代ですらなかったことを明確にするのがぜひとも必要であるように思われた。貴金属の不足、市場の細分化のせいで、資本主義化が進む条件がそろわなかったのである。パオロ・プロディが誤って中世の出来事とした「大革命[2]」が起こったのはようやく十六世紀から十八世紀にかけてのことなのである。中世には金銭は経済権力と同様に、いまだキリスト教およびキリスト教社会の価値体系から解放されてはいなかった。中世の創造力は別のところにあったのである。

訳者あとがき

本書は Jacques Le Goff, *Le Moyen Âge et l'argent*, Perrin, 2010 の全訳である。

著者ジャック・ル゠ゴフ（一九二四、トゥーロン—二〇一四、パリ）については、もはや詳細な解説は不要であろう。アナール学派第三世代の中心的人物として精力的に中世に関する研究成果を発表し続けたこと、フェルナン・ブローデルの後を継ぎ、長らく雑誌『アナール』の編集責任者の一人としての任務を負っていたこと、パリ社会科学高等研究院の設立に貢献したこと……こうした彼の功績は、随所で繰り返し紹介されている。ル゠ゴフの経歴については、この歴史家自身による自伝（邦訳『ル・ゴフ自伝——歴史家の生活』鎌田博夫訳、法政大学出版局、二〇〇〇年）に詳しい。また、大著『聖王ルイ』（岡崎敦・森本英夫・堀田郷弘訳、新評論、二〇〇一年）を含め、この中世史家の著作の多くは邦訳されているから、ぜひ参照されたい。なお、本書と直接関わりのある著作としては、『中世の高利貸——金も命も』（渡辺香根夫訳、法政大学出版局、一九八九年）——ル゠ゴフ自身、本書の中で何度か言及している——、*Marchands et banquiers du Moyen Âge*, Paris, Presses universitaires de France « Que sais-je ? », 1956 が挙げられる。

ル＝ゴフの晩年の著作である本書『中世と貨幣』は、比較的親しみやすい文体で書き綴られており、一見したところ、学術書というよりもむしろ、一般読者向けの出版物のように映る。しかし読み進めるにつれ、この作品が、著者の豊かな知識の上に成り立っていることが次第に明らかになってくる。

本書では、まず冒頭で、「今日的な意味での『金銭・貨幣（アルジャン）』は、近代の産物なのである」（一三頁）、「（金銭・貨幣は）富の中で最重要の位置を占めるものではな」かった（同）、とことわったうえで、西洋中世における貨幣をめぐる心性の歴史の解明が展開される。確かに、ローマ帝国の衰退期から十五世紀に至るまでの期間における人々の貨幣に対する態度がカヴァーされているが、中でもル＝ゴフが注目するのは「長い十三世紀」（五五頁）である。これは、イギリスの歴史家、ピーター・スプフォードが中世ヨーロッパにおける商業革命のプロセスを追う上で定義付けた「十三世紀」すなわち、一一六〇年代から一三三〇年代に対応する時期である。実は、この「長い〜世紀」という発想は、スプフォード自身、『地中海』（浜名優美訳、藤原書店、全五冊、普及版二〇〇四年）においてフェルナン・ブローデルが提唱した「長い十六世紀」――ビザンツ帝国の滅亡した一四五三年頃から、ウェストファリア条約が締結された一六四八年頃まで――という捉え方に想を得たものである。その意味で、ル＝ゴフは、間接的にアナール学派第一世代の巨人から影響を受けているとも言えよう。

「長い十三世紀」は、中世における「貨幣の最盛期」（第4章）とされる。これは、十二世紀末から十三世紀初頭にかけて、商業と都市が急速に発達し、それにともない貨幣需要が増加した（第3章）ために生じた現象である。本書では、第4章から第8章がこの時期の解説に充てられている。

第4章では、教会において展開された「高利貸し」という職業の可否をめぐる論争の激化こそ、十三世紀における貨幣需要の増加を示すものだとする。こうした貨幣流通の拡大は都市での投資——共同のパン焼き窯や貯蔵庫、ブドウ圧搾機、水車小屋の設置や、市庁舎、橋の建設にかかる費用——が増大したこと、そして何よりゴシック大聖堂の建造にまつわる費用がかさんだことによると明かされる。貨幣に対して否定的な態度をとり続けた教会のために、貨幣使用が拡大としたというのは興味深い。

第5章では、多くの中世学者の議論の対象となってきた「十三世紀における商業革命」が、貨幣との関わりから検討される。とはいえ、ここで問題にされるのは、商業活動そのものではない。商業活動の活性化にともなって貨幣需要が拡大したのを受け、貨幣の鋳造に必要な鉱山がどのように開発されたか、そして、貨幣に使用される銀の流通、貨幣鋳造、貨幣の種類はどのようであったかということである。主役は人間の営為ではなく、あくまで「貨幣」なのである。

続く第6章では、揺籃期の国家――ここには教皇庁も含まれる――における財務関連機関の設置と貨幣との関係が取り上げられている。ル＝ゴフがここで注目するのは、聖王ルイの治世（一二二六―七〇）である。というのも、この王は、「貨幣鋳造や王政の財務機関に対して至上の権利、さらには王の独占権を要求し」（一一七頁）、「国王の鋳造した貨幣は王国全体で通用するが、領主の鋳造した貨幣はその領地でしか通用しないという原則」（同）を定めたからである。貨幣という問題に着眼しつつ、ル＝ゴフはここで『聖王ルイ』とはまた違った視点から、この国王の治世における中央集権化の過程を明らかにしている。

「高利貸し」の正当化が実現するまでの過程をたどった第7章は、本書の中で最も重要な問題を扱った章と言えるが、また同時に読書の喜びをも与えてくれる章でもある。というのも、教会によって地獄堕ちが運命付けられた「呪われた高利貸し」が「煉獄の誕生」――ル＝ゴフによる同名の著作（渡辺香根夫・内田洋訳、法政大学出版局、新装版二〇一四年）を思いおこされたい――により救済されるプロセスが、高利貸しをめぐるさまざまな逸話とともに紹介されているからである。ここに展開されるのは「高利貸し」業をめぐる感性の歴史とも言えよう。

第8章では、中産市民、商人、高利貸しの富――「新たな富」と呼ばれる――が正当化されるのにともなって誕生した「新たな貧困」が紹介される。すなわち、托鉢修道会において実践された「自発的貧困」のことである。第7章、第8章、および第13章は、貨幣使用を認めつつもいかにして魂の救済を保証するかという困難な問題に直面した十三世紀の西洋キリスト教世界が見出した解決策の提示に割かれている。この点において、ル＝ゴフが『中世の高利貸――金も命も』執筆時の問題意識を、晩年まで保持し続けていたことが確認される。

第9章以降では、十三世紀に絶頂期を迎えた貨幣がその後たどった運命が明らかにされる。十四世紀に認められた貨幣危機と、貨幣の安定化の試み、税制の脆弱さから生じる諸問題（第9章）。実体貨幣が不足している場合に、需要に対応すべく誕生した両替証書および保険、銀行業者の出現（第10章）。中世末期における都市および国家の財政と税制（第11章）、物価と賃金の変動と貨幣の多様化（第12章）。第14章では、中世末期からルネサンス初期において貨幣を擁護する新たな心性が誕生した経緯が、ユマニストの著作、芸術庇護活動、そして奢侈の発達によって説明付けられる。

最終章である第15章は、貨幣をめぐる一連の考察をまとめる役割を果たしていると言える。ここでル＝ゴフが強調しているのは、「中世に資本主義は存在しなかった」ということである。資本主義経済において重要な役割を果たす「貨幣」が中世において正当化されるプロセスをたどりつつ、ル＝ゴフが導出するこの結論は、いささか意表をつくものかもしれない。しかしここでル＝ゴフが伝えようとしているのは、「現代のわれわれが貨幣について抱いている考えを捨て」（二九二頁）、「文化人類学的な視点から」（同）中世の人々の心性に迫る必要性である。なぜなら、現代人の色眼鏡を捨てることこそ、真の中世の姿に近づくことを可能にしてくれるからである。このようなル＝ゴフの主張からは、長年研究対象としてきた中世という時代への彼の慈しみの念と、歴史家としての良心、そして矜持が看て取られる。

「あとがき」を締めくくるにあたり、最初にこの企画のお話をいただいた、藤原書店社長の藤原良雄氏、そして前編集者である西泰志氏（現文藝春秋編集者）に、まず感謝の意を表したい。また、各章のトビラを飾る図版の作成にあたっては、『中世とは何か』『中世の身体』（いずれも藤原書店より刊行）の訳者のお一人でいらっしゃる池田健二先生に貴重な写真をご提供いただいた（第2〜4、6、8〜10、13章、結論）。ご厚意に心より御礼申し上げる。実際の編集作業に際しては、刈屋琢氏に大変お世話になった。刈屋氏は、訳稿の細部にまで目を通し、疑問点などについて的確な指摘をしてくださった。怠け者の訳者の作業が遅々として進まないのを、おそらくは固唾を飲んで見守っていらっしゃったことと思うが、こうして本書をまとめることが出来たのはひとえに氏の励ましと導きのおかげである。深く感謝申し上げる。

二〇一五年十一月十五日

銀杏並木の色づき始めた横浜、日吉にて

井上櫻子

第15章　資本主義か愛徳か

(1) Ph. Norel, *L'Histoire économique globale*, Paris, Seuil, 2009.

(2) « *Spiritus* et *caritas*. Le baptême dans la société médiévale », dans F. Hériteir-Augé, E. Copet-Rougier (sous la direction de), *La Parenté spirituelle,* Paris, Éd. des Archives contemporaines, 1995, p. 133-203. « *Caritas* y don en la sociedad medieval occidental », *Hispania. Revista espanola de historia*, 60/1/204, p. 27-62.

(3) Voir Hélène Pétré, *Caritas. Étude sur le vocabulaire latin de la charité chrétienne,* Louvain, 1948.

(4) *La Comptabilité de l'au-delà. Les hommes, la mort et la religion dans la région d'Avignon à la fin du Moyen Âge* (*vers 1320-vers 1480*), École française de Rome, 1980.

(5) « Avant le marché, les marches. En Europe, XIIIe-XVIIIe siècle, notes critiques », *Annales ESC,* 2001, p. 1129-1175.

(6) Définition du terme « bourse » dans le *Dictionnaire culturel,* Le Robert, 2005, t. 1, p. 1056.

(7) Paris, Tallandier, 2004.

(8) 本書のタイトルは『贈与の恩寵――近代経済のカトリック的人類学』(原タイトル *Antidora. Antropoligia católica de la economia moderna,* フランス語では *La Grâce du don. Anthropologie catholique de l'économie moderne*, Albin Michel, collection « l'Évolution de l'humanité ») である。

(9) P. Norel, *L'Invention du marché. Une histoire économique de la mondialisation*, Paris, Seuil, 2004. 筆者が資本主義の定義のために用いた近著『世界経済史』の中で、フィリップ・ノレルは16世紀イングランドの農業資本主義のうちに資本主義の初期形態が見出されると考えている。というのも、この農業資本主義は、18世紀、すなわち、マルクスが「資本蓄積の初期形態」と呼ぶものが形をなしはじめた時代に資本主義の開花を押し進めた産業化の基盤をなしていたと考えられるからである。

結　論

(1) K. Polanyi et C. Arenberg, *Trade and Market in the Early Empires.* Traduction française : *Les Systèmes économiques dans l'histoire et dans la théorie*, Paris, 1975, p. 100-201.

(2) P. Prodi, *Settimo non rubare. Furto e mercato nella storia dell'Occidente*, Bologne, 2009.

題は *Settimo non rubare. Furto e mercato nella storia dell'Occidente*, Bologne, il Mulino, 2009）において中世には政治権力と独立した経済権力が誕生したという説を支持し、それを拡大しさえした。

(2) Article « Mont-de-piété » dans A. Vauchez（dir.）, *Dictionnaire encyclopédique du Moyen Âge*, Paris, Le Cerf, 1997.

(3) « Les comptabilités pontificales », dans *Mélanges de l'École française de Rome, Moyen Âge*, 2006, p. 165-268.

(4) N. Coquery, F. Menant, F. Weber, *Écrire, compter, mesurer. Vers une histoire des rationalités pratiques*, Paris, 2006.

第14章　ユマニスム、メセナ、金銭

(1) A. Vauchez, « *Homo mercator vix aut numquam potest Deo placere* : quelques réflexions sur l'attitude des milieux ecclésiastiques face aux nouvelles formes de l'activité économique au XIIe et au début du XIIIe siècle », dans *Le Marchand au Moyen Âge*, SHMES, Paris, 1992, p. 211-217. ただし、列聖勅書のうちで唯一残っている序文では、聖人ホモボヌスは商人であったという事実にも「かかわらず」、列聖されたと強調されていることを指摘しておかねばなるまい。

(2) *L'Argent au Moyen Âge*, colloque de 1997, Paris, 1998, p. 267-287.

(3) Patrick Gilli, « La place de l'argent dans la pensée humaniste italienne au XVe siècle », dans *L'Argent au Moyen Âge, op. cit.*, p. 309-326. Daniel R. Lesnick, « *Dominican Preaching and the Creation of Capitalist Ideology in Late-Medieval Florence* », dans *Memorie Domenicane*, nº 8-9（1977-1978）, p. 199-247. ここで引用している大部分のテクストは、時代が下るに従って、次第にラテン語ではなく俗語で書かれるようになったが、「金銭（アルジャン）・貨幣」の代わりに通常用いられている語は、イタリア語では「デナイオ」であった。これはドゥニエのことであるが、このような言葉遣いから、貨幣の形での富を指し示すのに、金銭が問題とされるような時代にはまだ入っていないことが分かる。

(4) Rinald Comba, « La législation somptuaire d'Amédée VIII », dans *Amédée VIII—Félix V, premier duc de Savoie et pape*, Colloque de Ripaille-Lausanne, 1990. B. Andenmatten et A. Paravicini Bagliani éd., Lausanne, 1992, p. 191-200.

(5) 用いられている語は「デナーリ」denari すなわちドゥニエである。これは、今日金銭が問題にされる場面で、最もよく使用される語である。この興味深い逸話の存在を教示してくれた、畏友クリスチアヌ・クラピッシュ＝ツベールに謝意を表したい。

(7) こうした問題についての模範的研究成果が以下の論考に認められる。Cécile Perol, « Le mariage et les lois somptuaires en Toscane au XIVe siècle », article cité. 贅沢な食料品については、以下の論考が挙げられる。Antonella Campanelli, « La table sous contrôle. Les banquets et l'excès alimentaire dans le cadre des lois somptuaires en Italie entre le Moyen Âge et la Renaissance », dans *Food and History*, 4/2 daté de 2006, paru en 2007, p. 131-150.

(8) J. Meuvret, « Circulation monétaire et utilisation économique de la monnaie dans la France du XVIe au XVIIe siècle », dans *Études d'histoire moderne et contemporaine*, 1, 1947, repris dans *Études d'histoire économique, Cahiers des Annales*, XXXII, Paris, 1971, p. 127 et suivantes.

〈補遺〉中世に土地市場は存在したか

(1) おそらくこれは、金融の分野ではイギリスが先んじていたこと、そして古典語から引き継がれたイタリア語の「金銭（ペクーニア）」という語が両義的であるのと同様、「金銭（マネー）」という語が両義的であることによると考えられる。

(2) Alain Guerreau, « Avant le marché, les marchés : en Europe, XIIIe-XVIIIe siècle », *op. cit.*

(3) これはフランソワ・ムナンがこの書物の211頁で示している見解である。

(4) B. Rosenwein, *To Be the Neighbor of Saint Peter : the Social Meaning of Cluny's Property, 909-1049*, Ithaca, Londres, 1989.

第13章　托鉢修道会と貨幣

(1) ジャコモ・トデスキーニの研究の豊かな文献リストの中で、最も充実した著作と思われる『商人と寺院――中世から近代にかけてのキリスト教社会と富の好循環』（*I Mercanti e il Tempio. La società cristiana e il circolo virtuoso della richezza fra Medioevo ed Età moderno*, Bologne, 2002）以外に、後に富の適切な使用に基づく資本主義理論となるような――集団の幸福へと向かうならば、の話であるが――経済理論が考案される上で、フランシスコ修道会が果たした役割についての解釈を最も明確に示した著作が、2004年に刊行され、以下のタイトルで仏訳された。『フランシスコ修道会の富――意志的貧困から市場社会へ』（*Richesse franciscaine. De la pauvreté volontaire à la société de marché*, Éd. Verdier, 2008）。ボローニャ大学名誉教授である歴史家パオロ・プロディもまた、その著書『第七戒　なんじ、盗むなかれ――西洋の歴史における盗みと市場』（これは神の七番目の命令をほのめかしたタイトルである。原

第11章　中世末期の都市、国家、貨幣

(1) Jean-Luc Pinol, *Histoire de l'Europe urbaine*, t. 1, Paris, 2003, p. 575.

(2) F. Humbert, « Les finances municipales de la ville de Dijon au milieu du XIVe siècle à 1477 », Paris, 1961 et H. Dubois, « Les fermes du vingtième à Dijon à la fin du XIe siècle. Fiscalité Économie Société », dans *L'Argent au Moyen Âge*, colloque de 1997, Paris, Publications de la Sorbonne, 1998, p. 159-171.

(3) 古語。所有財産全体の価値を指す。

(4) Dans *L'Argent au Moyen Âge*, *op. cit.*, p. 187-207.

(5) Marc Boone, « Stratégies fiscales et financières des élites urbaines et de l'État bourguignon naissant dans l'ancien comté de Flandre (XIVe-XVIe siècle) », dans *L'Argent au Moyen Âge*, *op. cit.*, p. 235-253.

(6) B. Guillemain, *La Cour pontificale d'Avignon 1309-1376. Étude d'une société*, Paris, 1962. J. Favier, *Les Finances pontificales à l'époque du grand schisme d'Occident, 1378-1409*, Paris, 1966, et *Les Papes d'Avignon*, Paris, 2006. これに次の論考も加えたい。Y. Renouard, *Les Relations des papes d'Avignon et des compagnies commerciales et bancaires de 1316 à 1378*, Paris, 1941.

(7) F. Lot et R. Fawtier, *Histoire des institutions françaises au Moyen Âge*, tome 2, *Institutions royales*, p. 279.

第12章　14、15世紀の物価、賃金、貨幣

(1) *La Civilisation féodale. De l'an mil à la colonisation de l'Amérique*, Paris, Aubier, 2004, p. 228-278.

(2) ここでは特に次の文献を参照した。Philippe Contamine, Marc Bompaire, Stéphane Lebecq et Jean-Luc Sarrazin, *L'Économie médiévale*, *op. cit.*

(3) « Transactions foncières et transactions frumentaires : une relation de contrainte ou d'opportunité ? L'exemple des tenanciers de l'hôpital de Nuremberg (1432-1527) », dans Laurent Feller, Chris Wickham, *Le Marché de la terre au Moyen Âge*, École française de Rome, 2005, p. 341-403.

(4) « The Problem of the Inequality of Economic Development in Europe in the Later Middle Ages », dans *The Economic History Review*, second series, vol. XIX, nº 1, 1966, p. 15-28.

(5) L. Feller, *Paysans et seigneurs au Moyen Âge, VIIIe-XVe siècles*, Paris, 2007.

(6) D. Knopp et G. P. Jones, *The Medieval Mason*, Manchester, 1933.

Lombardi, sul credito e sulla banca, 2, 2007-II.

(5) Jacques Labrot, *Affairistes et usuriers au Moyen Âge,* tome 1, *Les Lombards, l'hérésie et l'Église*, Éd. La Louve, 2008.

(6) R. Cazelles, « Quelques réflexions à propos des mutations de la monnaie royale française (1295-1360) » dans *Le Moyen Âge*, 1966, p. 83-105 et p. 251-278.

(7) 1337年から、銀の貨幣変動は、貨幣の量目低下あるいは価値の強化の度合いを知ることを可能にする造幣率によって決定された。この造幣率という複雑でありながら重要な概念は、以下の論考で定義されている。Étienne Fournial, *Histoire monétaire de l'Occident médiéval*, 1970, p. 30 et p. 31.

(8) F. de Saulcy, *Recueil de documents relatifs à l'histoire des monnaies frappées par les rois de France...*, t. 1, Paris, 1879, p. 455. Textes modernisés dans Étienne Fournial *Histoire monétaire de l'Occident médiéval*, p. 158.

(9) Ugo Tucci, « Alle origini dello spirito capitalistico a Venezia : la previsione economica », dans *Studi in onore di Amintore Fanfani,* vol 3, A. Giuffre Éd., Milan, 1962. 後に示す通り、中世のヴェネツィアで予算を立てるという精神性が存在したという点について、筆者はトゥッチの研究を援用しているが、ここに資本主義の精神性が認められるという彼の説には同意していない。

第10章　中世末期における税制の完成

(1) 拙著からの抜粋（*Marchands et banquiers du Moyen Âge*, PUF, collection « Que sais-je ? », 1956, p. 30-32）。

(2) *Marchands et banquiers du Moyen Âge*, *op. cit.*, p. 27.

(3) 中世の会計学については、『会計学の歴史』（*Storia della ragioneria*, C. Buffi, Bologne, 1950）の著者フェデリコ・メリスという大歴史家の研究対象であった。彼は、トスカーナの大商人、フランチェスコ・ディ・マルコ・ダティーニについての古文書をもとに、中世の会計学、そしてより一般的には経済学に関するきわめて質の高い研究センターをプラトに設置したのである。

(4) Guilia Scarcia, *Lombardi oltralpe nel Trecento. II « Registrum » 9, I dell'Archivio di Stati di Friburgo*, Pise, ETS, Piccola Bibliloteca Gisem 19, 2001.

(5) Beatrice Del Bo, « Elite bancaria a Milano a metà Quattrocento : prime note », dans *Quaderni del Centro di Studi sui Lombardi, sul credito e sulla banca*, 1, 2007, p. 173.

(6) しかし、これらはその構成員とは独立した法人格を有する近代の会社とは大きくかけ離れたものである。

(7) *Jacques Cœur ou l'esprit d'entreprise*, Paris, Aubier, 1988.

かう至る所へ運び、そこから利潤を得ること。帰還後、利益をスタビーレあるいはその代理人に渡し、分割すること。資本を差し引いた上で、利益は半分に分けること。教会参事会館にて、1163年9月29日」。

さらに、スタビーレはアンサルドに彼の好きな船でジェノヴァに資本を運ぶ許可を与えている。

(8) ロンバルディア商人と呼ばれたこうした「銀行業者」の間で展開された貸借、および信用取引といった活動についての情報は、20世紀末にアスティに創設された「中世ロンバルディア商人および信用取引研究センター」における研究および出版物に負うところが多い。特に以下の著作を参照のこと。*Credito et società : le fonti, le techniche e gli uomini, secc. XIV-XVI,* 2000 ; *Politiche del credito. Inbestimento, consumo, solidarietà*, 2004 ; *Prestito, credito, finanza in età basso-medievale,* 2007. センター長は長らく、トリノ大学教授で、自身、ロンバルディア商人についての重要な研究を発表しているレナート・ボルドーネが務めた。債務問題は深刻化したため、フランスの王立裁判所はパリで生じた負債についてはシャトレ牢獄への投獄という違反項目を新たに設けた。負債に対する罰則は中世末期には非常に重視され、フランス王国の境界を越えて広まっていった。この問題については、ジュリ・クローストルが監修し、2006年ソルボンヌ大学出版局から刊行された『負債と審判者』(Julie Claustre (dir.), *La Dette et le Juge*, Paris, Publications de la Sorbonne, 2006) と題された共著書で検討されている。本書では、13世紀から15世紀にかけてのフランス、イタリア、スペイン、イギリス、ビザンチン帝国の様子が扱われている。

(9) 第10章「中世末期における税制の完成」を参照のこと。

第9章　13世紀から14世紀へ、貨幣の危機

(1) Cary J. Nederman, « The virtues of necessity : labor, money and corruption in John of Salisbury's thought », article cité, p. 86.

(2) Robert-Henri Bautier, « Le marchand lombard en France aux XIIIe et XIVe siècle », dans *Le Marchand au Moyen Âge* (congrès de Reims, 1988), SHMES, 1992, p. 63-80.

(3) « Jean de Mirabello, dit Van Haelen. Haute finance et Lombards en Brabant dans le premier tiers du XIVe siècle », *Revue belge de philologie et d'histoire*, 77/4, 1999, p. 843-931.

(4) Renato Bordone et Franco Spinelli (dir.), *Lombardi in Europa nel Medioevo,* Milan, 2005 ; Renato Bordone (dir.), *Dal banco di pegno all'alta finanza : lombardi e mercanti-banchieri fra Paesi Bassi e Inghilterra nel Trecento,* Quaderni/Cahiers del Centro studi sui

イトルで出版された。この研究成果の総括はモラ自身によって以下の著作にまとめられている。*Les Pauvres au Moyen Âge*, Paris, Hachette, 1978.

(3) この点については、修道会と貨幣との関係について改めて1章割くことにしたい（第13章「托鉢修道会と貨幣」を参照のこと）。

(4) ペトルス・ヨハネス・オリヴィについては、以下の著作を一読されたい。Alain Boureau et Sylvain Piron, *Pierre de Jean Olivi, pensée scolastique, dissidence spirituelle et société*, Paris, Vrin, 2000. 加えて、シルヴァン・ピロンによる『契約論』の仏訳も参照されたい。また同氏の以下の論考も参照のこと。Sylvain Piron, « Marchands et confesseurs, le *Traité des contrats* d'Olivi dans son contexte（Narbonne fin XIIIe-début du XIVe siècle）» dans *L'Argent au Moyen Âge*, Publications de la Sorbonne, 1998, p. 289-308.

(5) *Il « Liber contractuum » dei Frati Minori di Padova e di Vicenza（1263-1302）*, publié par E. Bonato, Rome, Viella, 2002. この問題については、以下の論考も参照のこと。André Vauchez, « Francescanesimo veneto. A proposito del "Liber contractuum" », dans *Il Santo*, 2003, p. 665-670.

(6) 第15章「資本主義か愛徳か」を参照のこと。

(7) 純然たるコンメンダ契約においては、有限責任会社員は行商人に移動に必要な資本を貸し付けた。損失がある場合、金の貸し手がその経済的負担を全面的に負い、借り手の損失は労働分の価値のみとなった。利潤がある場合、行商に出ない金貸しは返済を受けると同時に、利潤の一部――一般的にその4分の3――を得た。より専門的にはソキエタスあるいはコレガンチアと称されるコンメンダ契約においては、行商に出ない有限責任会社員は資本の3分の2を貸し付け、借り手は残りの3分の1を出資するとともに、仕事を行った。損失がある場合、出資された資本に応じて配分された。利潤がある場合は折半された。一般に、この契約は1回の行商ごとに結ばれ、企画の性質や行き先と同時に条件の一部――例えば、利潤が支払われる際の貨幣――を定めたり、借り手の自由裁量に任せたりすることが出来たが、借り手は時とともに独立性を強めることになった。以下は、ジェノヴァで結ばれた契約文書の一つである。

「証人：シモーネ・ブクッチョ、オゲリオ、ペローソ、リバルド・ディ・サウロ、ジェノラルド・トスカ。スタビーレとアンサルド・ガラトンはソキエタスを結び、双方の宣言に従って、スタビーレは88リラ、アンサルドは44リラの出資をすること。アンサルドはこの資本をチュニス、ならびに彼が乗る船――すなわち、バルディッツォーネ・グラッソとジラルドの船――が向

(3) Saint Thomas, *Somme théologique*, IIa-IIae, qu. LXXVII, art. 4, ad secundum.〔トマス・アクィナス『神学大全』高田三郎・山田晶・稲垣良典訳、創文社、1960-2012年〕

(4) BN Paris, *Ms latin* 13472, f. 3vb.

(5) 夫婦による承諾の儀式の大半を含めて、結婚式が教会内で行われるようになるのは16世紀からのことである。

(6) Paru dans *Odysseus. Man in History in History-Anthropolgy-History Today,* Moscou, 1991, p. 25-47. Texte français dans Jacques Le Goff, *Héros du Moyen Âge; le saint et le roi*, Gallimard, Quatro, 2004, p. 1265-1287.

(7) *La Naissance du Purgatoire*, Paris, Gallimard, 1981.〔ジャック・ル・ゴッフ『煉獄の誕生』渡辺香根夫・内田洋訳、法政大学出版局、1988年〕

(8) Nicole Bériou, « L'esprit de lucre entre vice et vertu : variations sur l'amour de l'argent dans la prédication du XIIIe siècle », dans *L'Argent au Moyen Âge*, Paris, Publications de la Sorbonne, 1998, p. 267-287.

(9) A. Guerreau, « L'Europe médiévale : une civilisation sans la notion de risque », dans *Risques. Les Cahiers de l'assurance*, nº 31, 1997, p. 11-18. *Pour une histoire culturelle de risque. Genèse, évolution, actualité du concept dans les sociétés occidentales*, Strasbourg, Éd. Histoire et Anthropologie, 2004. Voir également Pierre Toubert, « La perception sociale du risque dans le monde méditerranéen au Moyen Âge. Quelques observations préliminaires », dans *Les Sociétés méditerranéennes face au risque*, édité par Gérard Chastagnaret, Institut français d'archéologie orientale, 2008, p. 91-110. Sylvain Piron, « L'apparition du *resicum* en Méditerranée occidentale aux XIIe-XIIIe siècles », dans *Pour une histoire culturelle du risque. Genèse, évolution, actualité du concept dans les sociétés occidentales, op. cit.*, p. 59-76.

(10) Ian P. Wei, « Intellectuals and money : Parisian disputations about annuities in the thirteenth century », dans *Bulletin of the John Rylands University Library of Manchester*, volume 83, nº 3, 2001, p. 71-94.

第8章　新たな富と貧困

(1) Lester K. Little, *Religious Poverty and the Profit Economy in Medieval Europe*, Paul Elek Ltd, London, 1978.

(2) 中世の貧困問題を専門とした20世紀の大歴史家は、ミシェル・モラである。彼が講義の中で発表した研究成果は、彼自身監修し、1974年、ソルボンヌ大学出版会から『貧困の歴史』(*Études sur l'histoire de la pauvreté*, 2 vol.) というタ

(2) アルベルトゥス・マグヌスのこの論考は、ドロシー・ワイコフによって校訂、英訳されている（Albertus Magnus, *Book of Minerals*, Oxford, Clarendon, 1967)。

(3) アレクサンダー・マレーの見事な、そしてきわめて明快な論考を参照のこと。Alexander Murray, *Reason and Society in the Middle Ages*, Oxford, 1978.

(4) 以下の議論は、次の文献に収められたマルク・ボンペールの論考に負うところが大きい。Philippe Contamine, Marc Bompaire, Stéphane Lebecq et Jean-Luc Sarrazin, *L'Économie médiévale*, Paris, Armand, Colin, troisième édition 2003, p. 251-267.

(5) Robert Fossier, *La Terre et les hommes en Picardie jusqu'à la fin du XIIIe* siècle, Paris-Louvain, 1968.

(6) Céline Perol, « Le mariage et les lois somptuaires en Toscane au XIVe siècle », dans J. Teyssot (dir.), *Le Mariage au Moyen Âge XIe-XVe siècle*, université de Clermont-Ferrand II, 1997, p. 87-93.

第6章　貨幣と揺籃期の国家

(1) Cary J. Nederman, « The virtues of necessity : labor, money and corruption in John of Salisbury's thought », *Viator*, n° 33 (2002), Berkeley, University Press of California, p. 54-68.

(2) É. Fournial, *Histoire monétaire de l'Occident médiéval*, Paris, Armand Colin, 1970, p. 82-83.

(3) *Le Premier Budget de la monarchie française. Le compte général de 1202-1203*, Paris, Champion, 1932.

(4) *Poder e Dinheiro. Do Poder Pessoal ao Estado Impessoal no Regime Senhorial. Seculos V-XV*, ed. Afrontamento, 3 volumes, 1995-2002 (*Pouvoir et argent. Du pouvoir personnel à l'État impersonnel dans le régime seigneurial. V^{e}-XVe siècle.*). 本書の存在についてご教示いただき、またその内容を分析してくださったマエル・タヴェイラ氏にこの場を借りて心からの謝意を表したい。

第7章　貸付、債務、高利貸し

(1) Voir Giacomo Todeschini, « La ricchezza degli Ebrei. Merci e denaro nella riflessione ebraica e nella definizione cristiana dell'usura alla fine del medioevo », dans *Biblioteca degli Studi medievali*, XV, Centro italiano di studi sull'alto medioevo, Spoleto, 1989.

(2) *La Doctrine de l'Église et les réalités économiques au XIIIe siècle*, PUF, 1967.

XXVIe année, n° 1-2, janv.-juin 1984, p. 85-93.

第3章　12世紀末から13世紀初頭にかけての貨幣の急増

(1) 土地の開墾によって、木材が生産され、多くの場合、売りに出されて貨幣獲得の源となったし、また、耕作地が切り開かれたおかげで新たな収入ももたらされるようになった。にもかかわらず、開墾は12、13世紀にも続いた。ブリュノ・ルメールはアンジュー地方でこのような事例に遭遇し、彼が修道院の経済活力と呼ぶところの現象を浮き彫りにするとともに、これが領主と修道士の間に数多くの対立を生み出したことを明らかにした。

(2) O. Chapelot et P. Benoit (dir.), *Pierre et métal dans le bâtiment au Moyen Âge*, colloque de Paris de 1982, Éd. de l'EHESS, Paris, 1985. 特に本共著書の以下の論考を参照のこと。L. Musset, « La pierre de Caen : extraction et commerce XIe-XVe siècle », p. 219-235.

(3) この発掘作業の結果は、以下の著作において公表されている。*Archéologie des villages désertés : Dracy*, Paris, Armand Colin, 1970. また、J-M・プゼスはこの発掘作業に関する論考を1972年にブザンソンで開かれたシンポジウムの報告書（*La Construction au Moyen Âge, histoire et archéologie*, Les Belles Lettres, Paris, 1973, « L'habitation paysanne en Bourgogne médiévale », p. 219-237）に寄稿している。

第4章　貨幣の最盛期としての13世紀

(1) J. Caille, « Les nouveaux ponts de Narbonne (fin XIIIe-milieu XIVe siècle). Problèmes topographiques et économiques », dans *Hommage à André Dupont,* Montpellier, 1974, p. 25-38.

(2) Thomas M. Bisson, « *Confirmatio monete* à Narbonne au XIIIe siècle », dans *Narbonne, archéologie et histoire*, Montpellier, 1973.

(3) A. Erlande-Brandenburg, *La Cathédrale,* Paris, Fayard, 1989, p. 276.

(4) A. Giorgi, S. Moscadelli, *Construire una cattedrale. L'Opera di Santa Maria di Siena tra XII e XIV secolo*, Munich, Deutscher Kunstverlag, 2005.

(5) J. Gimpel, *Les Bâtisseurs de cathédrales,* Paris, 1958, nouvelle édition, 1980.

第5章　13世紀の商業革命における交易、銀、貨幣

(1) 本章を執筆するにあたり、既に取り上げた以下の著作――「通貨問題重視型」に偏りすぎているが――から大いに着想を得た。Peter Spufford, *Money and its Use in Medieval Europe*, Cambridge, 1988.

原　注

序

(1)「貨幣（アルジャン）」という語は、本書全体を通して、今日的な意味——金属のものであれ、価値基準としてのものであれ、中世における通貨価値という意味——で用いられている場合と、言うまでもなく、貴金属そのもの〔銀のこと〕を指すために用いられている場合がある。

(2) ラテン語では「ペクニア（金銭）」あるいは「デナリイ（銀貨）」〔「デナリウス」という単語の複数形〕という語が最もよく使われていた。

(3) A. Rigaudière dans *L'Argent au Moyen Age,* colloque de 1997, Publications de la Sorbonne, 1998, p. 327.

(4) この詩句は第17歌、43–78詩行にあるもの。既に拙著 *La Bourse et la Vie, économie et religion au Moyen Âge,* Paris, Hachette, 1986〔ジャック・ル・ゴッフ『中世の高利貸——金も命も』渡辺香根夫訳、法政大学出版局、1989年〕, p. 104-105において、フランス語版 *La Divine Comédie*, Les Librairies associées, Paris, 1965, avec la traduction de I. Espinasse-Mongenet を用いて引用している。ここでは、むしろ2カ国版 Jacqueline Bisset, *L'Enfer de la Divine Comédie,* Paris, Flammarion, 1985を使用した。

第2章　カール大帝から封建制へ

(1) Jose E. Ruiz Domenec, « Un “pauper” rico en la Cataluna carolingia a fines del siglo VIII », dans *Boletin de la Real Academia de Buenas Letras de Barcelona,* XXXVI, 1975-1976, p. 5-14.

(2) 実質貨幣の鋳造に関する網羅的かつ明快な解説は、次の著作に見いだされる。Étienne Fournial, *Histoire monétaire de l'Occident médiéval,* Paris, 1970, p. 9-12. 近年刊行された次の著作にはさらに優れた解説がある。Marie-Christine Bailly-Maître, *L'Argent. Du minerai au pouvoir dans la France médiévale,* Paris, Éd. Picard, 2002, ouvrage illustré.

(3) Stanislaw Suchodolski, « Les débuts du monnayage en Pologne », dans *Revue suisse de numismatique,* vol. 51, 1972, p. 131-135.

(4) Stéphane Lebecq, « Aelfric et Alpert. Existe-t-il *un* discours clérical sur les marchands dans l'Europe du Nord à l'aube du XIe siècle ? », dans *Cahiers de civilisation médiévale,*

Y. Otaka, « La valeur monétaire d'après les œuvres arthuriennes », dans *Temps et histoire dans le roman arthurien*, études recueillies par J.-C. Faucon, Toulouse, Éditions universitaires du Sud, 1999.

K. Polanyi et C. Arenberg, *Trade and Market in the Early Empires*, traduction française : *Les Systèmes économiques dans l'histoire et dans la théorie*, Paris, Larousse, 1974.

M. M. Postan (éd.), *The Cambridge Economic History of Europe*, Cambridge, Cambridge University Press, vol. II, *Trade and Industry in the Middle Ages*, 1952 ; vol. III, *Economic Organization and Policies in the Middle Ages*, 1963.

——, « The Rise of a Money Economy », *The Economic History Review* 17 (1944), p. 123-134.

Y. Renouard, *Les Hommes d'affaires italiens du Moyen Âge*, Paris, A. Colin, 1949.

——, *Les Relations des papes d'Avignon et des compagnies commerciales et bancaires de 1316 à 1378*, Paris, É. de Boccard, 1941.

M. Rey, *Les Finances royales sous Charles VI. Les causes du déficit*, Paris, S.E.V.P.E.N., 1965.

A. Sapori, *Le Marchand italien au Moyen Âge*, Paris, A. Colin, 1952.

J.-C. Schmitt, « L'Église médiévale et l'argent », *Journal des Caisses d'épargne*, 3, mai-juin 1986.

P. Spufford, *Money and its Use in Medieval Europe*, Cambridge, Cambridge University Press, 1988.

S. Suchodolski, « Les débuts du monnayage en Pologne », dans *Revue suisse de numismatique*, vol. 51, 1972, p. 131-135.

M. J. Tits-Dieuaide, *La Formation des prix céréaliers en Brabant et en Flandre au XVe siècle*, Bruxelles, Éd. de l'Université de Bruxelles, 1975.

G. Todeschini, *I Mercanti et il Tempio. La società cristiana e il circolo virtuoso della ricchezza fra Medioevo e età moderno*, Bologne, Il Mulino, 2002.

——, *Richesse franciscaine. De la pauvreté volontaire à la société de marché*, Lagrasse, Verdier, 2008.

A. Vauchez, « *Homo mercator vix aut numquam potest Deo placere* : quelques réflexions sur l'attitude des milieux ecclésiastiques face aux nouvelles formes de l'activité économique au XIIe et au début du XIIIe siècle », dans *Le Marchand au Moyen Âge*, SHMESP, Paris, 1992, p. 211-217.

I. P. Wei, « Intellectuals and money : Parisian disputations about annui- ties in the thirteenth century », dans *Bulletin of the John Rylands University Library of Manchester*, volume 83, n° 3, 2001, p. 71-94.

P. Wolff, *Automne du Moyen Âge ou printemps des temps nouveaux ? L'économie européenne aux XIVe et XVe siècles*, Paris, 1986.

Baltimore, John Hopkins University Press, 1985.
O. Langholm, *Economics in the Medieval Schools : Wealth, Exchange, Value, Money and Usury According to the Paris Theological Tradition 1200-1350*, Leyde, E. J. Brill, 1992.
C. de La Roncière, *Un changeur florentin du Trecento : Lippo di Fede del Sega (vers 1285-vers 1363)*, Paris, S.E.V.P.E.N., 1973.
——, *Prix et salaires à Florence au XIVe siècle 1280-1380*, Rome, École française de Rome, 1982.
J. Le Goff, *La Bourse et la Vie. Économie et religion au Moyen Âge*, Paris, Hachette, 1986.〔ジャック・ル・ゴッフ『中世の高利貸——金も命も』渡辺香根夫訳、法政大学出版局、1989年〕
——, *Marchands et banquiers du Moyen Âge*, Paris, Presses universitaires de France « Que sais-je ? », 1956.
L. K. Little, *Religious Poverty and the Profit Economy in Medieval Europe*, Londres, Cornel University Press, 1978.
M. Lombard, « Les bases monétaires d'une suprématie économique : l'or musulman du VIIe au XIe siècle », *Annales ESC*, 1947, p. 143-160.
R. S. Lopez, « Settecento anni fà : il ritorno all'oro nell'Occidente duecentesco », *Rivista storica italiana*, 65, 1952, p. 19-55 et 161-198.
F. Lot, R. Fawtier, *Le Premier Budget de la monarchie française. Le compte général de 1202-1203*, Paris, H. Champion, 1932.
F. Melis, *Storia della ragioneria*, Bologne, C. Zuffi, 1950.
H. A. Miskimin, *Money Prices and Foreign Exchange in Fourteenth Century France*, New Haven, Yale University Press, 1963.
H. Miyamatsu, *La Naissance du riche dans l'Europe médiévale*, Bécherel : les Perséides, 2008.
M. Mollat, *Les Pauvres au Moyen Âge*, Paris, Hachette, 1978.
——, « Usure et hérésie : les "Cahorsins" chez eux », dans *Studi in memoria di Federico Melis*, Naples, 1978, vol. 1, p. 269-278.
A. Murray, *Reason and Society in the Middle Age*, Oxford, Oxford University Press, 1978.
G. Nahon, « Le crédit et les Juifs dans la France du XIIIe siècle », *Annales ESC*, 1969, p. 1121-1144.
P. Norel, *L'Histoire économique globale*, Paris, Seuil, 2009.
——, *L'Invention du marché. Une histoire économique de la mondialisation*, Paris, Seuil, 2004.
L'Or au Moyen Âge, colloque du CUER-MA, Marseille, Presses universitaires de Provence, 1983.
N. Oresme, *De moneta*, traduit en anglais du latin par Ch. Johnson, Londres, Nelson, 1956.

J. Demade, *Ponction féodale et société rurale en Allemagne du Sud (XIe-XVIe siècle). Essai sur la fonction des transactions monétaires dans les économies non capitalistes*, thèse de l'université Marc-Bloch (Strasbourg II), 2004.

R. De Roover, *Money, Banking and Credit in Mediaeval Bruges*, Cambridge (Mass.), Mediaeval Academy of America, 1948.

——, *L'Évolution de la lettre de change*, Paris, A. Colin, 1953.

——, *The Rise and Decline of the Medici Bank (1397-1494)*, Cambridge (Mass.), Harvard University Press, 1963.

J. Duplessy, « La circulation des monnaies arabes en Europe occidentale du VIIIe au XIIIe siècle », *Revue numismatique* 18 (1956), p. 101-164.

J. Favier, *Les Finances pontificales à l'époque du grand schisme d'Occident, 1378-1409*, Paris, E. de Boccard, 1966.

——, *De l'or et des épices. Naissance de l'homme d'affaires au Moyen Âge*, Paris, Fayard, 1987.

L. Feller, C. Wickham (dir.), *Le Marché de la terre au Moyen Âge*, École française de Rome, 2005.

R. Fossier, *Histoire sociale de l'Occident médiéval*, Paris, A. Colin, 1970.

——, *La Société médiévale*, Paris, A. Colin, 1991.

——, *La Terre et les hommes en Picardie jusqu'à la fin du XIIIe siècle*, Paris-Louvain, Nauwelaerts, 1968.

G. Fourquin, *Histoire économique de l'Occident médiéval*, Paris, A. Colin, 1969.

C. Frugoni, *L'Affare migliore di Enrico : Giotto e la cappella Scrovagni*, Turin, Einaudi, 2008.

B. Geremek, *Le Salariat dans l'artisanat parisien aux XIIe-XVe siècles*, Paris, La Haye, 1968.

F. Graus, « La crise monétaire du XIVe siècle », *Revue belge de philologie et d'histoire*, 29, 1951, p. 445-454.

P. Grierson, *Monnaies du Moyen Âge*, Fribourg, Office du livre, 1976.

A. Guerreau, « Avant le marché, les marchés : en Europe, XIIIe-XVIIIe siècles, notes critiques », *Annales ESC*, 2001, p. 1129-1175.

A. Guerreau-Jalabert, « *Caritas* y don en la sociedad medieval occidental », *Hispania. Revista Espanola de Historia*, 60/1/204, 2000, p. 27-62.

——, « *Spiritus* et *caritas*. Le baptême dans la société médiévale », dans F. Héritier-Augé, E. Copet-Rougier (dir.), *La Parenté spirituelle*, Paris, 1995, p. 133-203.

J. Ibanès, *La Doctrine de l'Église et les réalités économiques au XIIIe siècle*, Paris, Presses universitaires de France, 1967.

J. S. Jensen (éd.), *Coinage and Monetary Circulation in the Baltic area*, Copenhague, Nordisk Numismatisk Unions Medlemsblad, 1982.

F. C. Lane, R. Müller, *Money and Banking in Medieval and Renaissance Venice*, I,

Comune di Asti, 2004.

A. Boureau et S. Piron (dir.), *Pierre de Jean Olivi (1248-1298), pensée scolastique, dissidence spirituelle et société,* actes du colloque en Narbonne, maris 1998, Paris, J. Vrin, 1999.

M. Bourin et P. Martinez Sopena (dir.), *Pour une anthropologie du prélèvement seigneurial dans les campagnes de l'Occident médiéval (XIe-XIVe siècles). Les mots, les temps, les lieux*, Paris, Publications de la Sorbonne, 2007.

F. Braudel, *Civilisation matérielle et capitalisme (XVe-XVIIIe siècle)*, Paris, A. Colin, 1979.〔フェルナン・ブローデル『物質文明・経済・資本主義（15-18 世紀）』村上光彦ほか訳、みすず書房、全 6 冊、1985-1999〕

Ph. Braunstein, *Travail et entreprise au Moyen Âge*, Bruxelles, De Boeck, 2003.

E. Bridrey, *La Théorie de la monnaie au XIVe siècle, Nicolas Oresme*, Paris, Giard et Brière, 1906.

R. H. Britnell, *The Commercialisation of English Society (1000-1500)*, Cambridge, Manchester University Presses, 1993.

E. Brown, *Customary Aids and Royal Finance in Capetian France. The Marriage Aid of Philip the Fair*, Cambridge (Mass.), Medieval Academy of America, 1992.

J. Chiffoleau, *La Comptabilité de l'au-delà. Les hommes, la mort et la religion dans la région d'Avignon à la fin du Moyen Âge (vers 1320-vers 1480)*, École française de Rome, 1980.

C. M. Cipolla, *Money, Prices and Civilization in the Mediterranean World. Fifth to Seventeenth Centuries*, Princeton, Prinston University Press, 1956.

J. Claustre (dir.), *La Dette et le Juge. Juridiction gracieuse et juridiction contentieuse du XIIIe au XVe siècle*, Paris, Publications de la Sorbonne, 2006.

B. Clavero, *Antidora. Antropologia católica de la economia moderna*, Milan, Giuffrè Editore, 1991, traduction française : *La Grâce du don. Anthropologie catholique de l'économie moderne,* Paris, A. Michel, 1996.

P. Contamine, M. Bompaire, S. Lebecq et J.-L. Sarrazin, *L'Economie médiévale,* Paris, A. Colin, troisième édition 2003.

The Dawn of Modern Banking, Center for Medieval and Renaissance Studies, New Haven et Londres, Yale University Press, 1979.

J. Day, *Études d'histoire monétaire*, Lille, Presses universitaires de Lille, 1984.

——, « The Great Bullion Famine of the Fifteenth Century », *Past and Present* 79, mai 1978.

——, *Monnaies et marchés au Moyen Âge*, Paris, Comité pour l'histoire économique et financière de la France, 1994.

B. Del Bo, « Elite bancaria a Milano a metà Quattrocento : prime note », dans *Quaderni/ Cahiers del Centro di studi sui Lombardi, sul credito e sulla banca*, 1, 2007, p. 173.

参考文献一覧

脚注に挙げた文献以外に、ル＝ゴフが本書の推敲の過程で直接参照した書誌も含めた一覧である。

W. Abel, *Massenarmut und Hungerkrisen im vorindustriellen Deutschland*, Göttingen, Vandenhoeck & Ruprecht, 1972.

Archéologie des villages désertés : Dracy, Paris, A. Colin, 1970.

L'Argent au Moyen Age, colloque de 1997, Paris, Publications de la Sorbonne, 1998.

M.-C. Bailly-Maître, *L'Argent. Du minerai au pouvoir dans la France médiévale*, Paris, Éditions A & J. Picard, 2002.

J. Baschet, *La Civilisation féodale. De l'an mil à la colonisation de l'Amérique*, Paris, Éditions Aubier, 2004.

J. Belaubre, B. Collin, *Les Monnaies de France. Histoire d'un peuple*, Paris, Librairie Académique Perrin, 1992.

N. Bériou, « L'esprit de lucre entre vice et vertu : variations sur l'amour de l'argent dans la prédication du XIIIe siècle », dans *L'Argent au Moyen Age*, Paris, Publications de la Sorbonne, 1998, p. 267-287.

N. Bériou et J. Chiffoleau, *Économie et religion. L'expérience des ordres mendiants* (*XIIIe-XVe siècles*), Lyon, PUL, 2009.

J. Bernardo, *Poder e Dinheiro. Do Poder Pessoal ao Estado Impessoal no Regime Senhorial. Seculos V-XV*, 3 volumes, Edições Afrontamento, 1995-2002.

W. Beveridge, *Prices and Wages in England from the Twelfth to the Nineteenth Century*, Londres, Franck Cass and co limited, 1939.

T. M. Bisson, *Conservation of Coinage : Monetary Exploitation and its Restraint in France, Catalonia and Aragon* (*c. A. D. 1000-c. 1225*), Oxford, Oxford University Presses, 1979.

M. Bloch, « Économie-nature ou économie-argent, un faux dilemme », *Annales d'histoire sociale*, 1939, t. 1, p. 7-16.

——, *Esquisse d'une histoire monétaire de l'Europe*, Paris, A. Colin, 1954.

——, « Le problème de l'or au Moyen Âge », *Annales d'histoire économique et sociale*, 5, 1933, p. 1-34.

M. Bompaire et F. Dumas, *Numismatique médiévale : monnaies et documents d'origine française*, Turnhout, 2000.

R. Bordone et F. Spinelli (dir.), *Lombardi in Europa nel Medioevo*, Milan, F. Angeli, 2005.

G. Boschieri et B. Molina, *Politiche del credito. Investimento, consumo, solidarietà*, Asti,

ラ 行

マ 行

ヤ 行

タ 行

ナ 行

ハ 行

サ　行

カ　行

人名索引

本文及び注から採り，姓→名の 50 音順で配列した。
聖人は「聖」を除く部分を配列の基準とした。

ア　行

著者紹介

ジャック・ル=ゴフ（Jacques Le Goff, 1924-2014）

中世史家、『アナール』編集委員。

南仏のトゥーロン生まれ。青年時代を第二次大戦の戦火の中で過ごしたのち、高等師範学校に進学。在学中、プラハのカレル大学に留学。1950年、高等教育教授資格試験に合格。このときブローデルやモーリス・ロンバールが審査委員を務め、これがアナール派の歴史家たちに出会う最初の機会となる。以後、ソルボンヌのシャルル=エドモン・ペランの指導下で博士論文を準備するかたわら、アミアンのリセ、国立科学研究所、リール大学文学部にポストを得、またこの間、オックスフォード大学リンカーン・カレッジ、ローマ・フランス学院へ留学した。

1959年、アナール派が中心となって組織される高等研究院第六部門に入り、以後、フェーヴル、ブロック、ブローデルらのあとを受け、アナール派第三世代のリーダーとして活躍。1969年、ブローデルのあとを受けて、エマニュエル・ル=ロワ=ラデュリ、マルク・フェローとともに『アナール』誌の編集責任者となる。1972年、ブローデルの後任として第六部門部長となり、1975年には高等研究院第六部門の社会科学高等研究院としての独立に尽力。さらに1978年、同研究院に西洋中世歴史人類学研究グループを立ち上げ、1992年の退官までその代表の職を務めた。

邦訳著書に『煉獄の誕生』(法政大学出版局)『中世の夢』(名古屋大学出版会)『ル・ゴフ自伝』（法政大学出版局）『聖王ルイ』（新評論）『中世とは何か』『中世の身体』『ヨーロッパは中世に誕生したのか？』（藤原書店）など。

訳者紹介

井上櫻子（いのうえ・さくらこ）
1977年生。パリ第4大学博士課程修了。慶應義塾大学文学部准教授。専攻は18世紀フランス文学。著書に『ルソーを学ぶ人のために』（共著、世界思想社、2010年）。共訳書に『ブローデル歴史集成』Ⅲ（藤原書店、2007年）『叢書「アナール 1929-2010」』第Ⅰ～Ⅳ巻（藤原書店、2010-2015年）など。

中世と貨幣――歴史人類学的考察

2015年12月30日　初版第1刷発行©

訳　者　井上櫻子
発行者　藤原良雄
発行所　株式会社　藤原書店

〒162-0041　東京都新宿区早稲田鶴巻町523
電　話　03（5272）0301
FAX　03（5272）0450
振　替　00160 - 4 - 17013
info@fujiwara-shoten.co.jp

印刷・製本　中央精版印刷

落丁本・乱丁本はお取替えいたします
定価はカバーに表示してあります

Printed in Japan
ISBN978-4-86578-053-6

中世は西洋にしか存在しない

中世とは何か

J・ル゠ゴフ
池田健二・菅沼潤訳

商業・大学・芸術の誕生、時間観念の数量化、ユダヤ人排斥など、近代西洋文明の基本要素は、中世に既に形成されていた。「中世からルネサンスへ」という時代区分の通念を覆し、「中世」「近代」「ヨーロッパ」を語り尽くす。　**口絵カラー一六頁**

四六上製　三二〇頁　**三三〇〇円**
（二〇〇五年三月刊）
◇978-4-89434-442-6
A LA RECHERCHE DU MOYEN ÂGE
Jacques LE GOFF

西洋文明の根幹は「身体」にある

中世の身体

J・ル゠ゴフ
池田健二・菅沼潤訳

ミシュレ、モース、アドルノ、フーコーなど、従来の身体史の成果と限界を踏まえ、「現在の原型である」中世の重要性を説き、これを称揚すると同時に抑圧した、西洋中世キリスト教文明のダイナミズムの核心に迫る！　**口絵八頁**

四六上製　三〇四頁　**三二〇〇円**
（二〇〇六年六月刊）
◇978-4-89434-521-8
UNE HISTOIRE DU CORPS AU MOYEN-AGE
Jacques LE GOFF

アナール派の「読む事典」

新装版
ヨーロッパ中世社会史事典

A・ジェラール
池田健二訳
序J・ル゠ゴフ

新しい歴史学・アナール派の重鎮マルク・ブロック、フィリップ・アリエス、ジョルジュ・デュビイ、ジャック・ル゠ゴフの成果を総合する〝中世の全体像〟。日本語版で多数の図版をオリジナルに編集・収録したロングセラー。

A5上製　三六八頁　**六〇〇〇円**
（一九九一年三月／二〇〇〇年六月）
◇978-4-89434-182-1
LA SOCIÉTÉ MÉDIÉVALE　Agnès GERHARD

ヨーロッパ成立史の決定版！

ヨーロッパは中世に誕生したのか？

J・ル゠ゴフ　菅沼潤訳

「ヨーロッパ」は、いつ、いかにして生まれたのか？　中世史の最高権威が、古代ギリシア・ローマ、キリスト教、労働の三区分などの諸要素を血肉化しながら、自己認識として、そして地理的境界としての「ヨーロッパ」が生みだされるダイナミックな過程の全体像を明快に描く。　**カラー口絵一六頁**

四六上製　五一二頁　**四八〇〇円**
（二〇一四年一一月刊）
◇978-4-86578-001-7
L'EUROPE EST-ELLE NÉE AU MOYEN ÂGE?
Jacques LE GOFF